令和五年版

携帯三法

民法（総則・物権）

刑法・憲法

もくじ

よく見るページ
《書き込んでネ》

／

／

／

民法

（明治二十九年法律第八十九号）

目次

| 第三編 | 債権 | 省略 |

| 第四編 | 親族 | 省略 |

| 第五編 | 相続 | 省略 |

第一編　総則
第一章　通則
（基本原則）

第1条　私権は、公共の福祉に適合しなければならない。

②　権利の行使及び義務の履行は、信義に従い誠実に行わなければならない。

③　権利の濫用は、これを許さない。

（解釈の基準）

第2条　この法律は、個人の尊厳と両性の本質的平等を旨として、解釈しなければならない。

第二章　人
第一節　権利能力

第3条　私権の享有は、出生に始まる。

②　外国人は、法令又は条約の規定により禁止される場合を除き、私権を享有する。

第二節　意思能力

第3条の2　法律行為の当事者が意思表示をした時に意思能力を有しなかったときは、その法律行為は、無効とする。

第三節　行為能力
（成年）

第4条　年齢十八歳をもって、成年とする。

（未成年者の法律行為）

第5条　未成年者が法律行為をするには、その法定代理人の同意を得なければならない。ただ➹

し、単に権利を得、又は義務を免れる法律行為については、この限りでない。

②　前項の規定に反する法律行為は、取り消すことができる。

③　第1項の規定にかかわらず、法定代理人が目的を定めて処分を許した財産は、その目的の範囲内において、未成年者が自由に処分することができる。目的を定めないで処分を許した財産を処分するときも、同様とする。

（未成年者の営業の許可）

第6条　一種又は数種の営業を許された未成年者は、その営業に関しては、成年者と同一の行為能力を有する。

②　前項の場合において、未成年者がその営業に堪えることができない事由があるときは、その法定代理人は、第四編（親族）の規定に従い、その許可を取り消し、又はこれを制限することができる。

（後見開始の審判）

第7条　精神上の障害により事理を弁識する能力を欠く常況にある者については、家庭裁判所は、本人、配偶者、四親等内の親族、未成年後見人、未成年後見監督人、保佐人、保佐監督人、補助人、補助監督人又は検察官の請求により、後見開始の審判をすることができる。

（成年被後見人及び成年後見人）

第8条　後見開始の審判を受けた者は、成年被後見人とし、これに成年後見人を付する。

（成年被後見人の法律行為）

第9条　成年被後見人の法律行為は、取り消すことができる。ただし、日用品の購入その他日常生活に関する行為については、この限りでない。

（後見開始の審判の取消し）

第１０条　第７条に規定する原因が消滅した
ときは、家庭裁判所は、本人、配偶者、四親等
内の親族、後見人（未成年後見人及び成年後見
人をいう。以下同じ。）、後見監督人（未成年後
見監督人及び成年後見監督人をいう。以下同じ。）
又は検察官の請求により、後見開始の審判を取
り消さなければならない。

（保佐開始の審判）

第１１条　精神上の障害により事理を弁識す
る能力が著しく不十分である者については、家
庭裁判所は、本人、配偶者、四親等内の親族、
後見人、後見監督人、補助人、補助監督人又は
検察官の請求により、保佐開始の審判をするこ
とができる。ただし、第７条に規定する原因が
ある者については、この限りでない。

（被保佐人及び保佐人）

第１２条　保佐開始の審判を受けた者は、被保
佐人とし、これに保佐人を付する。

（保佐人の同意を要する行為等）

第１３条　被保佐人が次に掲げる行為をする
には、その保佐人の同意を得なければならない。
ただし、第９条ただし書に規定する行為につい
ては、この限りでない。

一　元本を領収し、又は利用すること。

二　借財又は保証をすること。

三　不動産その他重要な財産に関する権利の得
　　喪を目的とする行為をすること。

四　訴訟行為をすること。

五　贈与、和解又は仲裁合意（仲裁法（平成十
　　五年法律第百三十八号）第２条第１項に規
　　定する仲裁合意をいう。）をすること。

六　相続の承認若しくは放棄又は遺産の分割を
　　すること。

七　贈与の申込みを拒絶し、遺贈を放棄し、負
　　担付贈与の申込みを承諾し、又は負担付遺
　　贈を承認すること。

八　新築、改築、増築又は大修繕をすること。

九　第６０２条に定める期間を超える賃貸借を
　　すること。

十　前各号に掲げる行為を制限行為能力者（未
　　成年者、成年被後見人、被保佐人及び第１
　　７条第１項の審判を受けた被補助人をいう。
　　以下同じ。）の法定代理人としてすること。

②　家庭裁判所は、第１１条本文に規定する者
又は保佐人若しくは保佐監督人の請求により、
被保佐人が前項各号に掲げる行為以外の行為を
する場合であってもその保佐人の同意を得なけ
ればならない旨の審判をすることができる。た
だし、第９条ただし書に規定する行為について
は、この限りでない。

③　保佐人の同意を得なければならない行為に
ついて、保佐人が被保佐人の利益を害するおそ
れがないにもかかわらず同意をしないときは、
家庭裁判所は、被保佐人の請求により、保佐人
の同意に代わる許可を与えることができる。

④　保佐人の同意を得なければならない行為で
あって、その同意又はこれに代わる許可を得な
いでしたものは、取り消すことができる。

（保佐開始の審判等の取消し）

第１４条　第１１条本文に規定する原因が消
滅したときは、家庭裁判所は、本人、配偶者、
四親等内の親族、未成年後見人、未成年後見監
督人、保佐人、保佐監督人又は検察官の請求に
より、保佐開始の審判を取り消さなければなら
ない。

②　家庭裁判所は、前項に規定する者の請求に
より、前条第２項の審判の全部又は一部を取り
消すことができる。

（補助開始の審判）

第15条 精神上の障害により事理を弁識する能力が不十分である者については、家庭裁判所は、本人、配偶者、四親等内の親族、後見人、後見監督人、保佐人、保佐監督人又は検察官の請求により、補助開始の審判をすることができる。ただし、第7条又は第11条本文に規定する原因がある者については、この限りでない。

② 本人以外の者の請求により補助開始の審判をするには、本人の同意がなければならない。

③ 補助開始の審判は、第17条第1項の審判又は第876条の9第1項の審判とともにしなければならない。

（被補助人及び補助人）

第16条 補助開始の審判を受けた者は、被補助人とし、これに補助人を付する。

（補助人の同意を要する旨の審判等）

第17条 家庭裁判所は、第15条第1項本文に規定する者又は補助人若しくは補助監督人の請求により、被補助人が特定の法律行為をするにはその補助人の同意を得なければならない旨の審判をすることができる。ただし、その審判によりその同意を得なければならないものとすることができる行為は、第13条第1項に規定する行為の一部に限る。

② 本人以外の者の請求により前項の審判をするには、本人の同意がなければならない。

③ 補助人の同意を得なければならない行為について、補助人が被補助人の利益を害するおそれがないにもかかわらず同意をしないときは、家庭裁判所は、被補助人の請求により、補助人の同意に代わる許可を与えることができる。

④ 補助人の同意を得なければならない行為であって、その同意又はこれに代わる許可を得ないでしたものは、取り消すことができる。

（補助開始の審判等の取消し）

第18条 第15条第1項本文に規定する原因が消滅したときは、家庭裁判所は、本人、配偶者、四親等内の親族、未成年後見人、未成年後見監督人、補助人、補助監督人又は検察官の請求により、補助開始の審判を取り消さなければならない。

② 家庭裁判所は、前項に規定する者の請求により、前条第1項の審判の全部又は一部を取り消すことができる。

③ 前条第1項の審判及び第876条の9第1項の審判をすべて取り消す場合には、家庭裁判所は、補助開始の審判を取り消さなければならない。

（審判相互の関係）

第19条 後見開始の審判をする場合において、本人が被保佐人又は被補助人であるときは、家庭裁判所は、その本人に係る保佐開始又は補助開始の審判を取り消さなければならない。

② 前項の規定は、保佐開始の審判をする場合において本人が成年被後見人若しくは被補助人であるとき、又は補助開始の審判をする場合において本人が成年被後見人若しくは被保佐人であるときについて準用する。

（制限行為能力者の相手方の催告権）

第20条 制限行為能力者の相手方は、その制限行為能力者が行為能力者（行為能力の制限を受けない者をいう。以下同じ。）となった後、その者に対し、一箇月以上の期間を定めて、その期間内にその取り消すことができる行為を追認するかどうかを確答すべき旨の催告をすることができる。この場合において、その者がその期間内に確答を発しないときは、その行為を追認したものとみなす。

② 制限行為能力者の相手方が、制限行為能力者が行為能力者とならない間に、その法定代理

人、保佐人又は補助人に対し、その権限内の行為について前項に規定する催告をした場合において、これらの者が同項の期間内に確答を発しないときも、同項後段と同様とする。

③　特別の方式を要する行為については、前2項の期間内にその方式を具備した旨の通知を発しないときは、その行為を取り消したものとみなす。

④　制限行為能力者の相手方は、被保佐人又は第17条第1項の審判を受けた被補助人に対しては、第1項の期間内にその保佐人又は補助人の追認を得るべき旨の催告をすることができる。この場合において、その被保佐人又は被補助人がその期間内にその追認を得た旨の通知を発しないときは、その行為を取り消したものとみなす。

（制限行為能力者の詐術）

第21条　制限行為能力者が行為能力者であることを信じさせるため詐術を用いたときは、その行為を取り消すことができない。

第四節　住所

（住所）

第22条　各人の生活の本拠をその者の住所とする。

（居所）

第23条　住所が知れない場合には、居所を住所とみなす。

②　日本に住所を有しない者は、その者が日本人又は外国人のいずれであるかを問わず、日本における居所をその者の住所とみなす。ただし、準拠法を定める法律に従いその者の住所地法によるべき場合は、この限りでない。

（仮住所）

第24条　ある行為について仮住所を選定し

たときは、その行為に関しては、その仮住所を住所とみなす。

第五節　不在者の財産の管理
及び失踪の宣告

（不在者の財産の管理）

第25条　従来の住所又は居所を去った者（以下「不在者」という。）がその財産の管理人（以下この節において単に「管理人」という。）を置かなかったときは、家庭裁判所は、利害関係人又は検察官の請求により、その財産の管理について必要な処分を命ずることができる。本人の不在中に管理人の権限が消滅したときも、同様とする。

②　前項の規定による命令後、本人が管理人を置いたときは、家庭裁判所は、その管理人、利害関係人又は検察官の請求により、その命令を取り消さなければならない。

（管理人の改任）

第26条　不在者が管理人を置いた場合において、その不在者の生死が明らかでないときは、家庭裁判所は、利害関係人又は検察官の請求により、管理人を改任することができる。

（管理人の職務）

第27条　前2条の規定により家庭裁判所が選任した管理人は、その管理すべき財産の目録を作成しなければならない。この場合において、その費用は、不在者の財産の中から支弁する。

②　不在者の生死が明らかでない場合において、利害関係人又は検察官の請求があるときは、家庭裁判所は、不在者が置いた管理人にも、前項の目録の作成を命ずることができる。

③　前2項に定めるもののほか、家庭裁判所は、管理人に対し、不在者の財産の保存に必要と認める処分を命ずることができる。

（管理人の権限）
第28条 管理人は、第103条に規定する権限を超える行為を必要とするときは、家庭裁判所の許可を得て、その行為をすることができる。不在者の生死が明らかでない場合において、その管理人が不在者が定めた権限を超える行為を必要とするときも、同様とする。

（管理人の担保提供及び報酬）
第29条 家庭裁判所は、管理人に財産の管理及び返還について相当の担保を立てさせることができる。
② 家庭裁判所は、管理人と不在者との関係その他の事情により、不在者の財産の中から、相当な報酬を管理人に与えることができる。

（失踪の宣告）
第30条 不在者の生死が七年間明らかでないときは、家庭裁判所は、利害関係人の請求により、失踪の宣告をすることができる。
② 戦地に臨んだ者、沈没した船舶の中に在った者その他死亡の原因となるべき危難に遭遇した者の生死が、それぞれ、戦争が止んだ後、船舶が沈没した後又はその他の危難が去った後一年間明らかでないときも、前項と同様とする。

（失踪の宣告の効力）
第31条 前条第1項の規定により失踪の宣告を受けた者は同項の期間が満了した時に、同条第2項の規定により失踪の宣告を受けた者はその危難が去った時に、死亡したものとみなす。

（失踪の宣告の取消し）
第32条 失踪者が生存すること又は前条に規定する時と異なる時に死亡したことの証明があったときは、家庭裁判所は、本人又は利害関係人の請求により、失踪の宣告を取り消さなければならない。この場合において、その取消し✐は、失踪の宣告後その取消し前に善意でした行為の効力に影響を及ぼさない。
② 失踪の宣告によって財産を得た者は、その取消しによって権利を失う。ただし、現に利益を受けている限度においてのみ、その財産を返還する義務を負う。

　　　　第六節　同時死亡の推定
第32条の2 数人の者が死亡した場合において、そのうちの一人が他の者の死亡後になお生存していたことが明らかでないときは、これらの者は、同時に死亡したものと推定する。

　　　　第三章　法人
（法人の成立等）
第33条 法人は、この法律その他の法律の規定によらなければ、成立しない。
② 学術、技芸、慈善、祭祀、宗教その他の公益を目的とする法人、営利事業を営むことを目的とする法人その他の法人の設立、組織、運営及び管理については、この法律その他の法律の定めるところによる。

（法人の能力）
第34条 法人は、法令の規定に従い、定款その他の基本約款で定められた目的の範囲内において、権利を有し、義務を負う。

（外国法人）
第35条 外国法人は、国、国の行政区画及び外国会社を除き、その成立を認許しない。ただし、法律又は条約の規定により認許された外国法人は、この限りでない。
② 前項の規定により認許された外国法人は、日本において成立する同種の法人と同一の私権を有する。ただし、外国人が享有することのできない権利及び法律又は条約中に特別の規定がある権利については、この限りでない。

（登記）

第３６条 法人及び外国法人は、この法律その他の法令の定めるところにより、登記をするものとする。

（外国法人の登記）

第３７条 外国法人（第３５条第１項ただし書に規定する外国法人に限る。以下この条において同じ。）が日本に事務所を設けたときは、三週間以内に、その事務所の所在地において、次に掲げる事項を登記しなければならない。

一 外国法人の設立の準拠法

二 目的

三 名称

四 事務所の所在場所

五 存続期間を定めたときは、その定め

六 代表者の氏名及び住所

② 前項各号に掲げる事項に変更を生じたときは、三週間以内に、変更の登記をしなければならない。この場合において、登記前にあっては、その変更をもって第三者に対抗することができない。

③ 代表者の職務の執行を停止し、若しくはその職務を代行する者を選任する仮処分命令又はその仮処分命令を変更し、若しくは取り消す決定がされたときは、その登記をしなければならない。この場合においては、前項後段の規定を準用する。

④ 前２項の規定により登記すべき事項が外国において生じたときは、登記の期間は、その通知が到達した日から起算する。

⑤ 外国法人が初めて日本に事務所を設けたときは、その事務所の所在地において登記するまでは、第三者は、その法人の成立を否認することができる。

⑥ 外国法人が事務所を移転したときは、旧所在地においては三週間以内に移転の登記をし、新所在地においては四週間以内に第１項各号に

掲げる事項を登記しなければならない。

⑦ 同一の登記所の管轄区域内において事務所を移転したときは、その移転を登記すれば足りる。

⑧ 外国法人の代表者が、この条に規定する登記を怠ったときは、五十万円以下の過料に処する。

第３８条～第８４条 削除

第四章 物

（定義）

第８５条 この法律において「物」とは、有体物をいう。

（不動産及び動産）

第８６条 土地及びその定着物は、不動産とする。

② 不動産以外の物は、すべて動産とする。

（主物及び従物）

第８７条 物の所有者が、その物の常用に供するため、自己の所有に属する他の物をこれに附属させたときは、その附属させた物を従物とする。

② 従物は、主物の処分に従う。

（天然果実及び法定果実）

第８８条 物の用法に従い収取する産出物を天然果実とする。

② 物の使用の対価として受けるべき金銭その他の物を法定果実とする。

（果実の帰属）

第８９条 天然果実は、その元物から分離する時に、これを収取する権利を有する者に帰属する。

② 法定果実は、これを収取する権利の存続期間に応じて、日割計算によりこれを取得する。

第五章　法律行為

第一節　総則

（公序良俗）

第90条　公の秩序又は善良の風俗に反する法律行為は、無効とする。

（任意規定と異なる意思表示）

第91条　法律行為の当事者が法令中の公の秩序に関しない規定と異なる意思を表示したときは、その意思に従う。

（任意規定と異なる慣習）

第92条　法令中の公の秩序に関しない規定と異なる慣習がある場合において、法律行為の当事者がその慣習による意思を有しているものと認められるときは、その慣習に従う。

第二節　意思表示

（心裡留保）

第93条　意思表示は、表意者がその真意ではないことを知ってしたときであっても、そのためにその効力を妨げられない。ただし、相手方がその意思表示が表意者の真意ではないことを知り、又は知ることができたときは、その意思表示は、無効とする。

②　前項ただし書の規定による意思表示の無効は、善意の第三者に対抗することができない。

（虚偽表示）

第94条　相手方と通じてした虚偽の意思表示は、無効とする。

②　前項の規定による意思表示の無効は、善意の第三者に対抗することができない。

（錯誤）

第95条　意思表示は、次に掲げる錯誤に基づくものであって、その錯誤が法律行為の目的及び取引上の社会通念に照らして重要なものであ↙

るときは、取り消すことができる。

一　意思表示に対応する意思を欠く錯誤

二　表意者が法律行為の基礎とした事情についてのその認識が真実に反する錯誤

②　前項第二号の規定による意思表示の取消しは、その事情が法律行為の基礎とされていることが表示されていたときに限り、することができる。

③　錯誤が表意者の重大な過失によるものであった場合には、次に掲げる場合を除き、第1項の規定による意思表示の取消しをすることができない。

一　相手方が表意者に錯誤があることを知り、又は重大な過失によって知らなかったとき。

二　相手方が表意者と同一の錯誤に陥っていたとき。

④　第1項の規定による意思表示の取消しは、善意でかつ過失がない第三者に対抗することができない。

（詐欺又は強迫）

第96条　詐欺又は強迫による意思表示は、取り消すことができる。

②　相手方に対する意思表示について第三者が詐欺を行った場合においては、相手方がその事実を知り、又は知ることができたときに限り、その意思表示を取り消すことができる。

③　前2項の規定による詐欺による意思表示の取消しは、善意でかつ過失がない第三者に対抗することができない。

（意思表示の効力発生時期等）

第97条　意思表示は、その通知が相手方に到達した時からその効力を生ずる。

②　相手方が正当な理由なく意思表示の通知が到達することを妨げたときは、その通知は、通常到達すべきであった時に到達したものとみなす。↙

③　意思表示は、表意者が通知を発した後に死亡し、意思能力を喪失し、又は行為能力の制限を受けたときであっても、そのためにその効力を妨げられない。

（公示による意思表示）
第９８条　意思表示は、表意者が相手方を知ることができず、又はその所在を知ることができないときは、公示の方法によってすることができる。
②　前項の公示は、公示送達に関する民事訴訟法（平成八年法律第百九号）の規定に従い、裁判所の掲示場に掲示し、かつ、その掲示があったことを官報に少なくとも一回掲載して行う。ただし、裁判所は、相当と認めるときは、官報への掲載に代えて、市役所、区役所、町村役場又はこれらに準ずる施設の掲示場に掲示すべきことを命ずることができる。
③　公示による意思表示は、最後に官報に掲載した日又はその掲載に代わる掲示を始めた日から二週間を経過した時に、相手方に到達したものとみなす。ただし、表意者が相手方を知らないこと又はその所在を知らないことについて過失があったときは、到達の効力を生じない。
④　公示に関する手続は、相手方を知ることができない場合には表意者の住所地の、相手方の所在を知ることができない場合には相手方の最後の住所地の簡易裁判所の管轄に属する。
⑤　裁判所は、表意者に、公示に関する費用を予納させなければならない。

（意思表示の受領能力）
第９８条の２　意思表示の相手方がその意思表示を受けた時に意思能力を有しなかったとき又は未成年者若しくは成年被後見人であったときは、その意思表示をもってその相手方に対抗することができない。ただし、次に掲げる者がその意思表示を知った後は、この限りでない。✒

一　相手方の法定代理人
二　意思能力を回復し、又は行為能力者となった相手方

第三節　代理
（代理行為の要件及び効果）
第９９条　代理人がその権限内において本人のためにすることを示してした意思表示は、本人に対して直接にその効力を生ずる。
②　前項の規定は、第三者が代理人に対してした意思表示について準用する。

（本人のためにすることを示さない意思表示）
第１００条　代理人が本人のためにすることを示さないでした意思表示は、自己のためにしたものとみなす。ただし、相手方が、代理人が本人のためにすることを知り、又は知ることができたときは、前条第１項の規定を準用する。

（代理行為の瑕疵）
第１０１条　代理人が相手方に対してした意思表示の効力が意思の不存在、錯誤、詐欺、強迫又はある事情を知っていたこと若しくは知らなかったことにつき過失があったことによって影響を受けるべき場合には、その事実の有無は、代理人について決するものとする。
②　相手方が代理人に対してした意思表示の効力が意思表示を受けた者がある事情を知っていたこと又は知らなかったことにつき過失があったことによって影響を受けるべき場合には、その事実の有無は、代理人について決するものとする。
③　特定の法律行為をすることを委託された代理人がその行為をしたときは、本人は、自ら知っていた事情について代理人が知らなかったことを主張することができない。本人が過失によって知らなかった事情についても、同様とする。

（代理人の行為能力）

第102条 制限行為能力者が代理人として
した行為は、行為能力の制限によっては取り消
すことができない。ただし、制限行為能力者が
他の制限行為能力者の法定代理人としてした行
為については、この限りでない。

（権限の定めのない代理人の権限）

第103条 権限の定めのない代理人は、次に
掲げる行為のみをする権限を有する。

一　保存行為

二　代理の目的である物又は権利の性質を変え
　ない範囲内において、その利用又は改良を
　目的とする行為

（任意代理人による復代理人の選任）

第104条 委任による代理人は、本人の許諾
を得たとき、又はやむを得ない事由があるとき
でなければ、復代理人を選任することができな
い。

（法定代理人による復代理人の選任）

第105条 法定代理人は、自己の責任で復代
理人を選任することができる。この場合におい
て、やむを得ない事由があるときは、本人に対
してその選任及び監督についての責任のみを負
う。

（復代理人の権限等）

第106条 復代理人は、その権限内の行為に
ついて、本人を代表する。

②　復代理人は、本人及び第三者に対して、そ
の権限の範囲内において、代理人と同一の権利
を有し、義務を負う。

（代理権の濫用）

第107条 代理人が自己又は第三者の利益
を図る目的で代理権の範囲内の行為をした場合↗

において、相手方がその目的を知り、又は知る
ことができたときは、その行為は、代理権を有
しない者がした行為とみなす。

（自己契約及び双方代理等）

第108条 同一の法律行為について、相手方
の代理人として、又は当事者双方の代理人とし
てした行為は、代理権を有しない者がした行為
とみなす。ただし、債務の履行及び本人があら
かじめ許諾した行為については、この限りでな
い。

②　前項本文に規定するもののほか、代理人と
本人との利益が相反する行為については、代理
権を有しない者がした行為とみなす。ただし、
本人があらかじめ許諾した行為については、こ
の限りでない。

（代理権授与の表示による表見代理等）

第109条 第三者に対して他人に代理権を
与えた旨を表示した者は、その代理権の範囲内
においてその他人が第三者との間でした行為に
ついて、その責任を負う。ただし、第三者が、
その他人が代理権を与えられていないことを知
り、又は過失によって知らなかったときは、こ
の限りでない。

②　第三者に対して他人に代理権を与えた旨を
表示した者は、その代理権の範囲内においてそ
の他人が第三者との間で行為をしたとすれば前
項の規定によりその責任を負うべき場合におい
て、その他人が第三者との間でその代理権の範
囲外の行為をしたときは、第三者がその行為に
ついてその他人の代理権があると信ずべき正当
な理由があるときに限り、その行為についての
責任を負う。

（権限外の行為の表見代理）

第110条 前条第1項本文の規定は、代理人
がその権限外の行為をした場合において、第三↗

者が代理人の権限があると信ずべき正当な理由
があるときについて準用する。

（代理権の消滅事由）
第１１１条　代理権は、次に掲げる事由によっ
て消滅する。
一　本人の死亡
二　代理人の死亡又は代理人が破産手続開始の
　　決定若しくは後見開始の審判を受けたこと。
②　委任による代理権は、前項各号に掲げる事
由のほか、委任の終了によって消滅する。

（代理権消滅後の表見代理等）
第１１２条　他人に代理権を与えた者は、代理
権の消滅後にその代理権の範囲内においてその
他人が第三者との間でした行為について、代理
権の消滅の事実を知らなかった第三者に対して
その責任を負う。ただし、第三者が過失によっ
てその事実を知らなかったときは、この限りで
ない。
②　他人に代理権を与えた者は、代理権の消滅
後に、その代理権の範囲内においてその他人が
第三者との間で行為をしたとすれば前項の規定
によりその責任を負うべき場合において、その
他人が第三者との間でその代理権の範囲外の行
為をしたときは、第三者がその行為についてそ
の他人の代理権があると信ずべき正当な理由が
あるときに限り、その行為についての責任を負
う。

（無権代理）
第１１３条　代理権を有しない者が他人の代
理人としてした契約は、本人がその追認をしな
ければ、本人に対してその効力を生じない。
②　追認又はその拒絶は、相手方に対してしな
ければ、その相手方に対抗することができない。
ただし、相手方がその事実を知ったときは、こ
の限りでない。

（無権代理の相手方の催告権）
第１１４条　前条の場合において、相手方は、
本人に対し、相当の期間を定めて、その期間内
に追認をするかどうかを確答すべき旨の催告を
することができる。この場合において、本人が
その期間内に確答をしないときは、追認を拒絶
したものとみなす。

（無権代理の相手方の取消権）
第１１５条　代理権を有しない者がした契約
は、本人が追認をしない間は、相手方が取り消
すことができる。ただし、契約の時において代
理権を有しないことを相手方が知っていたとき
は、この限りでない。

（無権代理行為の追認）
第１１６条　追認は、別段の意思表示がないと
きは、契約の時にさかのぼってその効力を生ず
る。ただし、第三者の権利を害することはでき
ない。

（無権代理人の責任）
第１１７条　他人の代理人として契約をした
者は、自己の代理権を証明したとき、又は本人
の追認を得たときを除き、相手方の選択に従い、
相手方に対して履行又は損害賠償の責任を負う。
②　前項の規定は、次に掲げる場合には、適用
しない。
一　他人の代理人として契約をした者が代理権
　　を有しないことを相手方が知っていたとき。
二　他人の代理人として契約をした者が代理権
　　を有しないことを相手方が過失によって知
　　らなかったとき。ただし、他人の代理人と
　　して契約をした者が自己に代理権がないこ
　　とを知っていたときは、この限りでない。
三　他人の代理人として契約をした者が行為能
　　力の制限を受けていたとき。

（単独行為の無権代理）

第118条 単独行為については、その行為の時において、相手方が、代理人と称する者が代理権を有しないで行為をすることに同意し、又はその代理権を争わなかったときに限り、第113条から前条までの規定を準用する。代理権を有しない者に対しその同意を得て単独行為をしたときも、同様とする。

第四節 無効及び取消し

（無効な行為の追認）

第119条 無効な行為は、追認によっても、その効力を生じない。ただし、当事者がその行為の無効であることを知って追認をしたときは、新たな行為をしたものとみなす。

（取消権者）

第120条 行為能力の制限によって取り消すことができる行為は、制限行為能力者（他の制限行為能力者の法定代理人としてした行為にあっては、当該他の制限行為能力者を含む。）又はその代理人、承継人若しくは同意をすることができる者に限り、取り消すことができる。

② 錯誤、詐欺又は強迫によって取り消すことができる行為は、瑕疵ある意思表示をした者又はその代理人若しくは承継人に限り、取り消すことができる。

（取消しの効果）

第121条 取り消された行為は、初めから無効であったものとみなす。

（原状回復の義務）

第121条の2 無効な行為に基づく債務の履行として給付を受けた者は、相手方を原状に復させる義務を負う。

② 前項の規定にかかわらず、無効な無償行為✦

に基づく債務の履行として給付を受けた者は、給付を受けた当時その行為が無効であること（給付を受けた後に前条の規定により初めから無効であったものとみなされた行為にあっては、給付を受けた当時その行為が取り消すことができるものであること）を知らなかったときは、その行為によって現に利益を受けている限度において、返還の義務を負う。

③ 第1項の規定にかかわらず、行為の時に意思能力を有しなかった者は、その行為によって現に利益を受けている限度において、返還の義務を負う。行為の時に制限行為能力者であった者についても、同様とする。

（取り消すことができる行為の追認）

第122条 取り消すことができる行為は、第120条に規定する者が追認したときは、以後、取り消すことができない。

（取消し及び追認の方法）

第123条 取り消すことができる行為の相手方が確定している場合には、その取消し又は追認は、相手方に対する意思表示によってする。

（追認の要件）

第124条 取り消すことができる行為の追認は、取消しの原因となっていた状況が消滅し、かつ、取消権を有することを知った後にしなければ、その効力を生じない。

② 次に掲げる場合には、前項の追認は、取消しの原因となっていた状況が消滅した後にすることを要しない。

一 法定代理人又は制限行為能力者の保佐人若しくは補助人が追認をするとき。

二 制限行為能力者（成年被後見人を除く。）が法定代理人、保佐人又は補助人の同意を得て追認をするとき。

（法定追認）

第125条 追認をすることができる時以後に、取り消すことができる行為について次に掲げる事実があったときは、追認をしたものとみなす。ただし、異議をとどめたときは、この限りでない。

一 全部又は一部の履行

二 履行の請求

三 更改

四 担保の供与

五 取り消すことができる行為によって取得した権利の全部又は一部の譲渡

六 強制執行

（取消権の期間の制限）

第126条 取消権は、追認をすることができる時から五年間行使しないときは、時効によって消滅する。行為の時から二十年を経過したときも、同様とする。

第五節 条件及び期限

（条件が成就した場合の効果）

第127条 停止条件付法律行為は、停止条件が成就した時からその効力を生ずる。

② 解除条件付法律行為は、解除条件が成就した時からその効力を失う。

③ 当事者が条件が成就した場合の効果をその成就した時以前にさかのぼらせる意思を表示したときは、その意思に従う。

（条件の成否未定の間における相手方の利益の侵害の禁止）

第128条 条件付法律行為の各当事者は、条件の成否が未定である間は、条件が成就した場合にその法律行為から生ずべき相手方の利益を害することができない。

（条件の成否未定の間における権利の処分等）

第129条 条件の成否が未定である間における当事者の権利義務は、一般の規定に従い、処分し、相続し、若しくは保存し、又はそのために担保を供することができる。

（条件の成就の妨害等）

第130条 条件が成就することによって不利益を受ける当事者が故意にその条件の成就を妨げたときは、相手方は、その条件が成就したものとみなすことができる。

② 条件が成就することによって利益を受ける当事者が不正にその条件を成就させたときは、相手方は、その条件が成就しなかったものとみなすことができる。

（既成条件）

第131条 条件が法律行為の時に既に成就していた場合において、その条件が停止条件であるときはその法律行為は無条件とし、その条件が解除条件であるときはその法律行為は無効とする。

② 条件が成就しないことが法律行為の時に既に確定していた場合において、その条件が停止条件であるときはその法律行為は無効とし、その条件が解除条件であるときはその法律行為は無条件とする。

③ 前2項に規定する場合において、当事者が条件が成就したこと又は成就しなかったことを知らない間は、第128条及び第129条の規定を準用する。

（不法条件）

第132条 不法な条件を付した法律行為は、無効とする。不法な行為をしないことを条件とするものも、同様とする。

（不能条件）

第１３３条 不能の停止条件を付した法律行為は、無効とする。

② 不能の解除条件を付した法律行為は、無条件とする。

（随意条件）

第１３４条 停止条件付法律行為は、その条件が単に債務者の意思のみに係るときは、無効とする。

（期限の到来の効果）

第１３５条 法律行為に始期を付したときは、その法律行為の履行は、期限が到来するまで、これを請求することができない。

② 法律行為に終期を付したときは、その法律行為の効力は、期限が到来した時に消滅する。

（期限の利益及びその放棄）

第１３６条 期限は、債務者の利益のために定めたものと推定する。

② 期限の利益は、放棄することができる。ただし、これによって相手方の利益を害することはできない。

（期限の利益の喪失）

第１３７条 次に掲げる場合には、債務者は、期限の利益を主張することができない。

一 債務者が破産手続開始の決定を受けたとき。

二 債務者が担保を滅失させ、損傷させ、又は減少させたとき。

三 債務者が担保を供する義務を負う場合において、これを供しないとき。

第六章 期間の計算

（期間の計算の通則）

第１３８条 期間の計算方法は、法令若しくは裁判上の命令に特別の定めがある場合又は法律➤

行為に別段の定めがある場合を除き、この章の規定に従う。

（期間の起算）

第１３９条 時間によって期間を定めたときは、その期間は、即時から起算する。

第１４０条 日、週、月又は年によって期間を定めたときは、期間の初日は、算入しない。ただし、その期間が午前零時から始まるときは、この限りでない。

（期間の満了）

第１４１条 前条の場合には、期間は、その末日の終了をもって満了する。

第１４２条 期間の末日が日曜日、国民の祝日に関する法律（昭和二十三年法律第百七十八号）に規定する休日その他の休日に当たるときは、その日に取引をしない慣習がある場合に限り、期間は、その翌日に満了する。

（暦による期間の計算）

第１４３条 週、月又は年によって期間を定めたときは、その期間は、暦に従って計算する。

② 週、月又は年の初めから期間を起算しないときは、その期間は、最後の週、月又は年においてその起算日に応当する日の前日に満了する。ただし、月又は年によって期間を定めた場合において、最後の月に応当する日がないときは、その月の末日に満了する。

第七章 時効

第一節 総則

（時効の効力）

第１４４条 時効の効力は、その起算日にさかのぼる。

（時効の援用）

第１４５条 時効は、当事者（消滅時効にあっては、保証人、物上保証人、第三取得者その他権利の消滅について正当な利益を有する者を含む。）が援用しなければ、裁判所がこれによって裁判をすることができない。

（時効の利益の放棄）

第１４６条 時効の利益は、あらかじめ放棄することができない。

（裁判上の請求等による時効の完成猶予及び更新）

第１４７条 次に掲げる事由がある場合には、その事由が終了する（確定判決又は確定判決と同一の効力を有するものによって権利が確定することなくその事由が終了した場合にあっては、その終了の時から六箇月を経過する）までの間は、時効は、完成しない。

一　裁判上の請求

二　支払督促

三　民事訴訟法第２７５条第１項の和解又は民事調停法（昭和二十六年法律第二百二十二号）若しくは家事事件手続法（平成二十三年法律第五十二号）による調停

四　破産手続参加、再生手続参加又は更生手続参加

② 前項の場合において、確定判決又は確定判決と同一の効力を有するものによって権利が確定したときは、時効は、同項各号に掲げる事由が終了した時から新たにその進行を始める。

（強制執行等による時効の完成猶予及び更新）

第１４８条 次に掲げる事由がある場合には、その事由が終了する（申立ての取下げ又は法律の規定に従わないことによる取消しによってその事由が終了した場合にあっては、その終了の時から六箇月を経過する）までの間は、時効は、 ↗

完成しない。

一　強制執行

二　担保権の実行

三　民事執行法（昭和五十四年法律第四号）第１９５条に規定する担保権の実行としての競売の例による競売

四　民事執行法第１９６条に規定する財産開示手続又は同法第２０４条に規定する第三者からの情報取得手続

② 前項の場合には、時効は、同項各号に掲げる事由が終了した時から新たにその進行を始める。ただし、申立ての取下げ又は法律の規定に従わないことによる取消しによってその事由が終了した場合は、この限りでない。

（仮差押え等による時効の完成猶予）

第１４９条 次に掲げる事由がある場合には、その事由が終了した時から六箇月を経過するまでの間は、時効は、完成しない。

一　仮差押え

二　仮処分

（催告による時効の完成猶予）

第１５０条 催告があったときは、その時から六箇月を経過するまでの間は、時効は、完成しない。

② 催告によって時効の完成が猶予されている間にされた再度の催告は、前項の規定による時効の完成猶予の効力を有しない。

（協議を行う旨の合意による時効の完成猶予）

第１５１条 権利についての協議を行う旨の合意が書面でされたときは、次に掲げる時のいずれか早い時までの間は、時効は、完成しない。

一　その合意があった時から一年を経過した時

二　その合意において当事者が協議を行う期間（一年に満たないものに限る。）を定めたときは、その期間を経過した時 ↗

三　当事者の一方から相手方に対して協議の続行を拒絶する旨の通知が書面でされたときは、その通知の時から六箇月を経過した時

②　前項の規定により時効の完成が猶予されている間にされた再度の同項の合意は、同項の規定による時効の完成猶予の効力を有する。ただし、その効力は、時効の完成が猶予されなかったとすれば時効が完成すべき時から通じて五年を超えることができない。

③　催告によって時効の完成が猶予されている間にされた第１項の合意は、同項の規定による時効の完成猶予の効力を有しない。同項の規定により時効の完成が猶予されている間にされた催告についても、同様とする。

④　第１項の合意がその内容を記録した電磁的記録（電子的方式、磁気的方式その他人の知覚によっては認識することができない方式で作られる記録であって、電子計算機による情報処理の用に供されるものをいう。以下同じ。）によってされたときは、その合意は、書面によってされたものとみなして、前３項の規定を適用する。

⑤　前項の規定は、第１項第三号の通知について準用する。

（承認による時効の更新）

第１５２条　時効は、権利の承認があったときは、その時から新たにその進行を始める。

②　前項の承認をするには、相手方の権利についての処分につき行為能力の制限を受けていないこと又は権限があることを要しない。

（時効の完成猶予又は更新の効力が及ぶ者の範囲）

第１５３条　第１４７条又は第１４８条の規定による時効の完成猶予又は更新は、完成猶予又は更新の事由が生じた当事者及びその承継人の間においてのみ、その効力を有する。

②　第１４９条から第１５１条までの規定による時効の完成猶予は、完成猶予の事由が生じた当事者及びその承継人の間においてのみ、その効力を有する。

③　前条の規定による時効の更新は、更新の事由が生じた当事者及びその承継人の間においてのみ、その効力を有する。

第１５４条　第１４８条第１項各号又は第１４９条各号に掲げる事由に係る手続は、時効の利益を受ける者に対してしないときは、その者に通知をした後でなければ、第１４８条又は第１４９条の規定による時効の完成猶予又は更新の効力を生じない。

第１５５条〜第１５７条　削除

（未成年者又は成年被後見人と時効の完成猶予）

第１５８条　時効の期間の満了前六箇月以内の間に未成年者又は成年被後見人に法定代理人がないときは、その未成年者若しくは成年被後見人が行為能力者となった時又は法定代理人が就職した時から六箇月を経過するまでの間は、その未成年者又は成年被後見人に対して、時効は、完成しない。

②　未成年者又は成年被後見人がその財産を管理する父、母又は後見人に対して権利を有するときは、その未成年者若しくは成年被後見人が行為能力者となった時又は後任の法定代理人が就職した時から六箇月を経過するまでの間は、その権利について、時効は、完成しない。

（夫婦間の権利の時効の完成猶予）

第１５９条　夫婦の一方が他の一方に対して有する権利については、婚姻の解消の時から六箇月を経過するまでの間は、時効は、完成しない。

（相続財産に関する時効の完成猶予）

第１６０条　相続財産に関しては、相続人が確定した時、管理人が選任された時又は破産手続開始の決定があった時から六箇月を経過するまでの間は、時効は、完成しない。

（天災等による時効の完成猶予）

第１６１条　時効の期間の満了の時に当たり、天災その他避けることのできない事変のため第１４７条第１項各号又は第１４８条第１項各号に掲げる事由に係る手続を行うことができないときは、その障害が消滅した時から三箇月を経過するまでの間は、時効は、完成しない。

第二節　取得時効

（所有権の取得時効）

第１６２条　二十年間、所有の意思をもって、平穏に、かつ、公然と他人の物を占有した者は、その所有権を取得する。

②　十年間、所有の意思をもって、平穏に、かつ、公然と他人の物を占有した者は、その占有の開始の時に、善意であり、かつ、過失がなかったときは、その所有権を取得する。

（所有権以外の財産権の取得時効）

第１６３条　所有権以外の財産権を、自己のためにする意思をもって、平穏に、かつ、公然と行使する者は、前条の区別に従い二十年又は十年を経過した後、その権利を取得する。

（占有の中止等による取得時効の中断）

第１６４条　第１６２条の規定による時効は、占有者が任意にその占有を中止し、又は他人によってその占有を奪われたときは、中断する。

第１６５条　前条の規定は、第１６３条の場合について準用する。

第三節　消滅時効

（債権等の消滅時効）

第１６６条　債権は、次に掲げる場合には、時効によって消滅する。

一　債権者が権利を行使することができることを知った時から五年間行使しないとき。

二　権利を行使することができる時から十年間行使しないとき。

②　債権又は所有権以外の財産権は、権利を行使することができる時から二十年間行使しないときは、時効によって消滅する。

③　前２項の規定は、始期付権利又は停止条件付権利の目的物を占有する第三者のために、その占有の開始の時から取得時効が進行することを妨げない。ただし、権利者は、その時効を更新するため、いつでも占有者の承認を求めることができる。

（人の生命又は身体の侵害による損害賠償請求権の消滅時効）

第１６７条　人の生命又は身体の侵害による損害賠償請求権の消滅時効についての前条第１項第二号の規定の適用については、同号中「十年間」とあるのは、「二十年間」とする。

（定期金債権の消滅時効）

第１６８条　定期金の債権は、次に掲げる場合には、時効によって消滅する。

一　債権者が定期金の債権から生ずる金銭その他の物の給付を目的とする各債権を行使することができることを知った時から十年間行使しないとき。

二　前号に規定する各債権を行使することができる時から二十年間行使しないとき。

②　定期金の債権者は、時効の更新の証拠を得るため、いつでも、その債務者に対して承認書の交付を求めることができる。

（判決で確定した権利の消滅時効）

第１６９条　確定判決又は確定判決と同一の効力を有するものによって確定した権利については、十年より短い時効期間の定めがあるものであっても、その時効期間は、十年とする。

②　前項の規定は、確定の時に弁済期の到来していない債権については、適用しない。

第１７０条〜第１７４条　削除

第二編　物権
第一章　総則

（物権の創設）

第１７５条　物権は、この法律その他の法律に定めるもののほか、創設することができない。

（物権の設定及び移転）

第１７６条　物権の設定及び移転は、当事者の意思表示のみによって、その効力を生ずる。

（不動産に関する物権の変動の対抗要件）

第１７７条　不動産に関する物権の得喪及び変更は、不動産登記法（平成十六年法律第百二十三号）その他の登記に関する法律の定めるところに従いその登記をしなければ、第三者に対抗することができない。

（動産に関する物権の譲渡の対抗要件）

第１７８条　動産に関する物権の譲渡は、その動産の引渡しがなければ、第三者に対抗することができない。

（混同）

第１７９条　同一物について所有権及び他の物権が同一人に帰属したときは、当該他の物権は、消滅する。ただし、その物又は当該他の物権が第三者の権利の目的であるときは、この限りでない。

②　所有権以外の物権及びこれを目的とする他の権利が同一人に帰属したときは、当該他の権利は、消滅する。この場合においては、前項ただし書の規定を準用する。

③　前２項の規定は、占有権については、適用しない。

第二章　占有権
第一節　占有権の取得

（占有権の取得）

第１８０条　占有権は、自己のためにする意思をもって物を所持することによって取得する。

（代理占有）

第１８１条　占有権は、代理人によって取得することができる。

（現実の引渡し及び簡易の引渡し）

第１８２条　占有権の譲渡は、占有物の引渡しによってする。

②　譲受人又はその代理人が現に占有物を所持する場合には、占有権の譲渡は、当事者の意思表示のみによってすることができる。

（占有改定）

第１８３条　代理人が自己の占有物を以後本人のために占有する意思を表示したときは、本人は、これによって占有権を取得する。

（指図による占有移転）

第１８４条　代理人によって占有をする場合において、本人がその代理人に対して以後第三者のためにその物を占有することを命じ、その第三者がこれを承諾したときは、その第三者は、占有権を取得する。

（占有の性質の変更）

第１８５条　権原の性質上占有者に所有の

意思がないものとされる場合には、その占有者が、自己に占有をさせた者に対して所有の意思があることを表示し、又は新たな権原により更に所有の意思をもって占有を始めるのでなければ、占有の性質は、変わらない。

（占有の態様等に関する推定）
第１８６条　占有者は、所有の意思をもって、善意で、平穏に、かつ、公然と占有をするものと推定する。
②　前後の両時点において占有をした証拠があるときは、占有は、その間継続したものと推定する。

（占有の承継）
第１８７条　占有者の承継人は、その選択に従い、自己の占有のみを主張し、又は自己の占有に前の占有者の占有を併せて主張することができる。
②　前の占有者の占有を併せて主張する場合には、その瑕疵をも承継する。

第二節　占有権の効力
（占有物について行使する権利の適法の推定）
第１８８条　占有者が占有物について行使する権利は、適法に有するものと推定する。

（善意の占有者による果実の取得等）
第１８９条　善意の占有者は、占有物から生ずる果実を取得する。
②　善意の占有者が本権の訴えにおいて敗訴したときは、その訴えの提起の時から悪意の占有者とみなす。

（悪意の占有者による果実の返還等）
第１９０条　悪意の占有者は、果実を返還し、かつ、既に消費し、過失によって損傷し、又は収取を怠った果実の代価を償還する義務を負う。
②　前項の規定は、暴行若しくは強迫又は隠匿↗

によって占有をしている者について準用する。

（占有者による損害賠償）
第１９１条　占有物が占有者の責めに帰すべき事由によって滅失し、又は損傷したときは、その回復者に対し、悪意の占有者はその損害の全部の賠償をする義務を負い、善意の占有者はその滅失又は損傷によって現に利益を受けている限度において賠償をする義務を負う。ただし、所有の意思のない占有者は、善意であるときであっても、全部の賠償をしなければならない。

（即時取得）
第１９２条　取引行為によって、平穏に、かつ、公然と動産の占有を始めた者は、善意であり、かつ、過失がないときは、即時にその動産について行使する権利を取得する。

（盗品又は遺失物の回復）
第１９３条　前条の場合において、占有物が盗品又は遺失物であるときは、被害者又は遺失者は、盗難又は遺失の時から二年間、占有者に対してその物の回復を請求することができる。

第１９４条　占有者が、盗品又は遺失物を、競売若しくは公の市場において、又はその物と同種の物を販売する商人から、善意で買い受けたときは、被害者又は遺失者は、占有者が支払った代価を弁償しなければ、その物を回復することができない。

（動物の占有による権利の取得）
第１９５条　家畜以外の動物で他人が飼育していたものを占有する者は、その占有の開始の時に善意であり、かつ、その動物が飼主の占有を離れた時から一箇月以内に飼主から回復の請求を受けなかったときは、その動物について行使する権利を取得する。

19

（占有者による費用の償還請求）

第１９６条　占有者が占有物を返還する場合には、その物の保存のために支出した金額その他の必要費を回復者から償還させることができる。ただし、占有者が果実を取得したときは、通常の必要費は、占有者の負担に帰する。

２　占有者が占有物の改良のために支出した金額その他の有益費については、その価格の増加が現存する場合に限り、回復者の選択に従い、その支出した金額又は増価額を償還させることができる。ただし、悪意の占有者に対しては、裁判所は、回復者の請求により、その償還について相当の期限を許与することができる。

（占有の訴え）

第１９７条　占有者は、次条から第２０２条までの規定に従い、占有の訴えを提起することができる。他人のために占有をする者も、同様とする。

（占有保持の訴え）

第１９８条　占有者がその占有を妨害されたときは、占有保持の訴えにより、その妨害の停止及び損害の賠償を請求することができる。

（占有保全の訴え）

第１９９条　占有者がその占有を妨害されるおそれがあるときは、占有保全の訴えにより、その妨害の予防又は損害賠償の担保を請求することができる。

（占有回収の訴え）

第２００条　占有者がその占有を奪われたときは、占有回収の訴えにより、その物の返還及び損害の賠償を請求することができる。

２　占有回収の訴えは、占有を侵奪した者の特定承継人に対して提起することができない。ただし、その承継人が侵奪の事実を知っていたときは、この限りでない。

（占有の訴えの提起期間）

第２０１条　占有保持の訴えは、妨害の存する間又はその消滅した後一年以内に提起しなければならない。ただし、工事により占有物に損害を生じた場合において、その工事に着手した時から一年を経過し、又はその工事が完成したときは、これを提起することができない。

２　占有保全の訴えは、妨害の危険の存する間は、提起することができる。この場合において、工事により占有物に損害を生ずるおそれがあるときは、前項ただし書の規定を準用する。

３　占有回収の訴えは、占有を奪われた時から一年以内に提起しなければならない。

（本権の訴えとの関係）

第２０２条　占有の訴えは本権の訴えを妨げず、また、本権の訴えは占有の訴えを妨げない。

２　占有の訴えについては、本権に関する理由に基づいて裁判をすることができない。

第三節　占有権の消滅

（占有権の消滅事由）

第２０３条　占有権は、占有者が占有の意思を放棄し、又は占有物の所持を失うことによって消滅する。ただし、占有者が占有回収の訴えを提起したときは、この限りでない。

（代理占有権の消滅事由）

第２０４条　代理人によって占有をする場合には、占有権は、次に掲げる事由によって消滅する。

一　本人が代理人に占有をさせる意思を放棄したこと。

二　代理人が本人に対して以後自己又は第三者のために占有物を所持する意思を表示したこと。

三　代理人が占有物の所持を失ったこと。

２　占有権は、代理権の消滅のみによっては、消滅しない。

第四節　準占有

第２０５条　この章の規定は、自己のためにする意思をもって財産権の行使をする場合について準用する。

第三章　所有権

第一節　所有権の限界

第一款　所有権の内容及び範囲

（所有権の内容）

第２０６条　所有者は、法令の制限内において、自由にその所有物の使用、収益及び処分をする権利を有する。

（土地所有権の範囲）

第２０７条　土地の所有権は、法令の制限内において、その土地の上下に及ぶ。

第２０８条　削除

第二款　相隣関係

（隣地の使用）

第２０９条　土地の所有者は、次に掲げる目的のため必要な範囲内で、隣地を使用することができる。ただし、住家については、その居住者の承諾がなければ、立ち入ることはできない。

一　境界又はその付近における障壁、建物その他の工作物の築造、収去又は修繕

二　境界標の調査又は境界に関する測量

三　第２３３条第３項の規定による枝の切取り

②　前項の場合には、使用の日時、場所及び方法は、隣地の所有者及び隣地を現に使用している者（以下この条において「隣地使用者」という。）のために損害が最も少ないものを選ばなければならない。

③　第１項の規定により隣地を使用する者は、あらかじめ、その目的、日時、場所及び方法を隣地の所有者及び隣地使用者に通知しなければ

ならない。ただし、あらかじめ通知することが困難なときは、使用を開始した後、遅滞なく、通知することをもって足りる。

④　第１項の場合において、隣地の所有者又は隣地使用者が損害を受けたときは、その償金を請求することができる。

（公道に至るための他の土地の通行権）

第２１０条　他の土地に囲まれて公道に通じない土地の所有者は、公道に至るため、その土地を囲んでいる他の土地を通行することができる。

②　池沼、河川、水路若しくは海を通らなければ公道に至ることができないとき、又は崖があって土地と公道とに著しい高低差があるときも、前項と同様とする。

第２１１条　前条の場合には、通行の場所及び方法は、同条の規定による通行権を有する者のために必要であり、かつ、他の土地のために損害が最も少ないものを選ばなければならない。

②　前条の規定による通行権を有する者は、必要があるときは、通路を開設することができる。

第２１２条　第２１０条の規定による通行権を有する者は、その通行する他の土地の損害に対して償金を支払わなければならない。ただし、通路の開設のために生じた損害に対するものを除き、一年ごとにその償金を支払うことができる。

第２１３条　分割によって公道に通じない土地が生じたときは、その土地の所有者は、公道に至るため、他の分割者の所有地のみを通行することができる。この場合においては、償金を支払うことを要しない。

②　前項の規定は、土地の所有者がその土地の一部を譲り渡した場合について準用する。

（継続的給付を受けるための設備の設置権等）

第213条の2　土地の所有者は、他の土地に設備を設置し、又は他人が所有する設備を使用しなければ電気、ガス又は水道水の供給その他これらに類する継続的給付（以下この項及び次条第1項において「継続的給付」という。）を受けることができないときは、継続的給付を受けるため必要な範囲内で、他の土地に設備を設置し、又は他人が所有する設備を使用することができる。

②　前項の場合には、設備の設置又は使用の場所及び方法は、他の土地又は他人が所有する設備（次項において「他の土地等」という。）のために損害が最も少ないものを選ばなければならない。

③　第1項の規定により他の土地に設備を設置し、又は他人が所有する設備を使用する者は、あらかじめ、その目的、場所及び方法を他の土地等の所有者及び他の土地を現に使用している者に通知しなければならない。

④　第1項の規定による権利を有する者は、同項の規定により他の土地に設備を設置し、又は他人が所有する設備を使用するために当該他の土地又は当該他人が所有する設備がある土地を使用することができる。この場合においては、第209条第1項ただし書及び第2項から第4項までの規定を準用する。

⑤　第1項の規定により他の土地に設備を設置する者は、その土地の損害（前項において準用する第209条第4項に規定する損害を除く。）に対して償金を支払わなければならない。ただし、一年ごとにその償金を支払うことができる。

⑥　第1項の規定により他人が所有する設備を使用する者は、その設備の使用を開始するために生じた損害に対して償金を支払わなければならない。

⑦　第1項の規定により他人が所有する設備を使用する者は、その利益を受ける割合に応じて、↗

その設置、改築、修繕及び維持に要する費用を負担しなければならない。

第213条の3　分割によって他の土地に設備を設置しなければ継続的給付を受けることができない土地が生じたときは、その土地の所有者は、継続的給付を受けるため、他の分割者の所有地のみに設備を設置することができる。この場合においては、前条第5項の規定は、適用しない。

②　前項の規定は、土地の所有者がその土地の一部を譲り渡した場合について準用する。

（自然水流に対する妨害の禁止）

第214条　土地の所有者は、隣地から水が自然に流れて来るのを妨げてはならない。

（水流の障害の除去）

第215条　水流が天災その他避けることのできない事変により低地において閉塞したときは、高地の所有者は、自己の費用で、水流の障害を除去するため必要な工事をすることができる。

（水流に関する工作物の修繕等）

第216条　他の土地に貯水、排水又は引水のために設けられた工作物の破壊又は閉塞により、自己の土地に損害が及び、又は及ぶおそれがある場合には、その土地の所有者は、当該他の土地の所有者に、工作物の修繕若しくは障害の除去をさせ、又は必要があるときは予防工事をさせることができる。

（費用の負担についての慣習）

第217条　前2条の場合において、費用の負担について別段の慣習があるときは、その慣習に従う。

（雨水を隣地に注ぐ工作物の設置の禁止）

第218条 土地の所有者は、直接に雨水を隣地に注ぐ構造の屋根その他の工作物を設けてはならない。

（水流の変更）

第219条 溝、堀その他の水流地の所有者は、対岸の土地が他人の所有に属するときは、その水路又は幅員を変更してはならない。

② 両岸の土地が水流地の所有者に属するときは、その所有者は、水路及び幅員を変更することができる。ただし、水流が隣地と交わる地点において、自然の水路に戻さなければならない。

③ 前2項の規定と異なる慣習があるときは、その慣習に従う。

（排水のための低地の通水）

第220条 高地の所有者は、その高地が浸水した場合にこれを乾かすため、又は自家用若しくは農工業用の余水を排出するため、公の水流又は下水道に至るまで、低地に水を通過させることができる。この場合においては、低地のために損害が最も少ない場所及び方法を選ばなければならない。

（通水用工作物の使用）

第221条 土地の所有者は、その所有地の水を通過させるため、高地又は低地の所有者が設けた工作物を使用することができる。

② 前項の場合には、他人の工作物を使用する者は、その利益を受ける割合に応じて、工作物の設置及び保存の費用を分担しなければならない。

（堰の設置及び使用）

第222条 水流地の所有者は、堰を設ける必要がある場合には、対岸の土地が他人の所有に属するときであっても、その堰を対岸に付着させて設けることができる。ただし、これによって生じた損害に対して償金を支払わなければならない。

② 対岸の土地の所有者は、水流地の一部がその所有に属するときは、前項の堰を使用することができる。

③ 前条第2項の規定は、前項の場合について準用する。

（境界標の設置）

第223条 土地の所有者は、隣地の所有者と共同の費用で、境界標を設けることができる。

（境界標の設置及び保存の費用）

第224条 境界標の設置及び保存の費用は、相隣者が等しい割合で負担する。ただし、測量の費用は、その土地の広狭に応じて分担する。

（囲障の設置）

第225条 二棟の建物がその所有者を異にし、かつ、その間に空地があるときは、各所有者は、他の所有者と共同の費用で、その境界に囲障を設けることができる。

② 当事者間に協議が調わないときは、前項の囲障は、板塀又は竹垣その他これらに類する材料のものであって、かつ、高さ2メートルのものでなければならない。

（囲障の設置及び保存の費用）

第226条 前条の囲障の設置及び保存の費用は、相隣者が等しい割合で負担する。

（相隣者の一人による囲障の設置）

第227条 相隣者の一人は、第225条第2項に規定する材料より良好なものを用い、又は同項に規定する高さを増して囲障を設けることができる。ただし、これによって生ずる費用の増加額を負担しなければならない。

（囲障の設置等に関する慣習）

第228条　前3条の規定と異なる慣習があるときは、その慣習に従う。

（境界標等の共有の推定）

第229条　境界線上に設けた境界標、囲障、障壁、溝及び堀は、相隣者の共有に属するものと推定する。

第230条　一棟の建物の一部を構成する境界線上の障壁については、前条の規定は、適用しない。

②　高さの異なる二棟の隣接する建物を隔てる障壁の高さが、低い建物の高さを超えるときは、その障壁のうち低い建物を超える部分についても、前項と同様とする。ただし、防火障壁については、この限りでない。

（共有の障壁の高さを増す工事）

第231条　相隣者の一人は、共有の障壁の高さを増すことができる。ただし、その障壁がその工事に耐えないときは、自己の費用で、必要な工作を加え、又はその障壁を改築しなければならない。

②　前項の規定により障壁の高さを増したときは、その高さを増した部分は、その工事をした者の単独の所有に属する。

第232条　前条の場合において、隣人が損害を受けたときは、その償金を請求することができる。

（竹木の枝の切除及び根の切取り）

第233条　土地の所有者は、隣地の竹木の枝が境界線を越えるときは、その竹木の所有者に、その枝を切除させることができる。

②　前項の場合において、竹木が数人の共有に↙

属するときは、各共有者は、その枝を切り取ることができる。

③　第1項の場合において、次に掲げるときは、土地の所有者は、その枝を切り取ることができる。

一　竹木の所有者に枝を切除するよう催告したにもかかわらず、竹木の所有者が相当の期間内に切除しないとき。

二　竹木の所有者を知ることができず、又はその所在を知ることができないとき。

三　急迫の事情があるとき。

④　隣地の竹木の根が境界線を越えるときは、その根を切り取ることができる。

（境界線付近の建築の制限）

第234条　建物を築造するには、境界線から50センチメートル以上の距離を保たなければならない。

②　前項の規定に違反して建築をしようとする者があるときは、隣地の所有者は、その建築を中止させ、又は変更させることができる。ただし、建築に着手した時から一年を経過し、又はその建物が完成した後は、損害賠償の請求のみをすることができる。

第235条　境界線から1メートル未満の距離において他人の宅地を見通すことのできる窓又は縁側（ベランダを含む。次項において同じ。）を設ける者は、目隠しを付けなければならない。

②　前項の距離は、窓又は縁側の最も隣地に近い点から垂直線によって境界線に至るまでを測定して算出する。

（境界線付近の建築に関する慣習）

第236条　前2条の規定と異なる慣習があるときは、その慣習に従う。

（境界線付近の掘削の制限）

第２３７条 井戸、用水だめ、下水だめ又は肥料だめを掘るには境界線から２メートル以上、池、穴蔵又はし尿だめを掘るには境界線から１メートル以上の距離を保たなければならない。

② 導水管を埋め、又は溝若しくは堀を掘るには、境界線からその深さの二分の一以上の距離を保たなければならない。ただし、１メートルを超えることを要しない。

（境界線付近の掘削に関する注意義務）

第２３８条 境界線の付近において前条の工事をするときは、土砂の崩壊又は水若しくは汚液の漏出を防ぐため必要な注意をしなければならない。

第二節　所有権の取得

（無主物の帰属）

第２３９条 所有者のない動産は、所有の意思をもって占有することによって、その所有権を取得する。

② 所有者のない不動産は、国庫に帰属する。

（遺失物の拾得）

第２４０条 遺失物は、遺失物法（平成十八年法律第七十三号）の定めるところに従い公告をした後三箇月以内にその所有者が判明しないときは、これを拾得した者がその所有権を取得する。

（埋蔵物の発見）

第２４１条 埋蔵物は、遺失物法の定めるところに従い公告をした後六箇月以内にその所有者が判明しないときは、これを発見した者がその所有権を取得する。ただし、他人の所有する物の中から発見された埋蔵物については、これを発見した者及びその他人が等しい割合でその所有権を取得する。

（不動産の付合）

第２４２条 不動産の所有者は、その不動産に従として付合した物の所有権を取得する。ただし、権原によってその物を附属させた他人の権利を妨げない。

（動産の付合）

第２４３条 所有者を異にする数個の動産が、付合により、損傷しなければ分離することができなくなったときは、その合成物の所有権は、主たる動産の所有者に帰属する。分離するのに過分の費用を要するときも、同様とする。

第２４４条 付合した動産について主従の区別をすることができないときは、各動産の所有者は、その付合の時における価格の割合に応じてその合成物を共有する。

（混和）

第２４５条 前２条の規定は、所有者を異にする物が混和して識別することができなくなった場合について準用する。

（加工）

第２４６条 他人の動産に工作を加えた者（以下この条において「加工者」という。）があるときは、その加工物の所有権は、材料の所有者に帰属する。ただし、工作によって生じた価格が材料の価格を著しく超えるときは、加工者がその加工物の所有権を取得する。

② 前項に規定する場合において、加工者が材料の一部を供したときは、その価格に工作によって生じた価格を加えたものが他人の材料の価格を超えるときに限り、加工者がその加工物の所有権を取得する。

（付合、混和又は加工の効果）

第247条 第242条から前条までの規定により物の所有権が消滅したときは、その物について存する他の権利も、消滅する。

② 前項に規定する場合において、物の所有者が、合成物、混和物又は加工物（以下この項において「合成物等」という。）の単独所有者となったときは、その物について存する他の権利は以後その合成物等について存し、物の所有者が合成物等の共有者となったときは、その物について存する他の権利は以後その持分について存する。

（付合、混和又は加工に伴う償金の請求）

第248条 第242条から前条までの規定の適用によって損失を受けた者は、第703条及び第704条の規定に従い、その償金を請求することができる。

第三節　共有

（共有物の使用）

第249条 各共有者は、共有物の全部について、その持分に応じた使用をすることができる。

② 共有物を使用する共有者は、別段の合意がある場合を除き、他の共有者に対し、自己の持分を超える使用の対価を償還する義務を負う。

③ 共有者は、善良な管理者の注意をもって、共有物の使用をしなければならない。

（共有持分の割合の推定）

第250条 各共有者の持分は、相等しいものと推定する。

（共有物の変更）

第251条 各共有者は、他の共有者の同意を得なければ、共有物に変更（その形状又は効用の著しい変更を伴わないものを除く。次項において同じ。）を加えることができない。

② 共有者が他の共有者を知ることができず、又はその所在を知ることができないときは、裁判所は、共有者の請求により、当該他の共有者以外の他の共有者の同意を得て共有物に変更を加えることができる旨の裁判をすることができる。

（共有物の管理）

第252条 共有物の管理に関する事項（次条第1項に規定する共有物の管理者の選任及び解任を含み、共有物に前条第1項に規定する変更を加えるものを除く。次項において同じ。）は、各共有者の持分の価格に従い、その過半数で決する。共有物を使用する共有者があるときも、同様とする。

② 裁判所は、次の各号に掲げるときは、当該各号に規定する他の共有者以外の共有者の請求により、当該他の共有者以外の共有者の持分の価格に従い、その過半数で共有物の管理に関する事項を決することができる旨の裁判をすることができる。

一 共有者が他の共有者を知ることができず、又はその所在を知ることができないとき。

二 共有者が他の共有者に対し相当の期間を定めて共有物の管理に関する事項を決することについて賛否を明らかにすべき旨を催告した場合において、当該他の共有者がその期間内に賛否を明らかにしないとき。

③ 前2項の規定による決定が、共有者間の決定に基づいて共有物を使用する共有者に特別の影響を及ぼすべきときは、その承諾を得なければならない。

④ 共有者は、前3項の規定により、共有物に、次の各号に掲げる賃借権その他の使用及び収益を目的とする権利（以下この項において「賃借権等」という。）であって、当該各号に定める期間を超えないものを設定することができる。

一 樹木の栽植又は伐採を目的とする山林の賃借権等　十年

二　前号に掲げる賃借権等以外の土地の賃借権
　　等　五年
三　建物の賃借権等　三年
四　動産の賃借権等　六箇月
⑤　各共有者は、前各項の規定にかかわらず、保存行為をすることができる。

（共有物の管理者）
第２５２条の２　共有物の管理者は、共有物の管理に関する行為をすることができる。ただし、共有者の全員の同意を得なければ、共有物に変更（その形状又は効用の著しい変更を伴わないものを除く。次項において同じ。）を加えることができない。
②　共有物の管理者が共有者を知ることができず、又はその所在を知ることができないときは、裁判所は、共有物の管理者の請求により、当該共有者以外の共有者の同意を得て共有物に変更を加えることができる旨の裁判をすることができる。
③　共有物の管理者は、共有者が共有物の管理に関する事項を決した場合には、これに従ってその職務を行わなければならない。
④　前項の規定に違反して行った共有物の管理者の行為は、共有者に対してその効力を生じない。ただし、共有者は、これをもって善意の第三者に対抗することができない。

（共有物に関する負担）
第２５３条　各共有者は、その持分に応じ、管理の費用を支払い、その他共有物に関する負担を負う。
②　共有者が一年以内に前項の義務を履行しないときは、他の共有者は、相当の償金を支払ってその者の持分を取得することができる。

（共有物についての債権）
第２５４条　共有者の一人が共有物について✐

他の共有者に対して有する債権は、その特定承継人に対しても行使することができる。

（持分の放棄及び共有者の死亡）
第２５５条　共有者の一人が、その持分を放棄したとき、又は死亡して相続人がないときは、その持分は、他の共有者に帰属する。

（共有物の分割請求）
第２５６条　各共有者は、いつでも共有物の分割を請求することができる。ただし、五年を超えない期間内は分割をしない旨の契約をすることを妨げない。
②　前項ただし書の契約は、更新することができる。ただし、その期間は、更新の時から五年を超えることができない。

第２５７条　前条の規定は、第２２９条に規定する共有物については、適用しない。

（裁判による共有物の分割）
第２５８条　共有物の分割について共有者間に協議が調わないとき、又は協議をすることができないときは、その分割を裁判所に請求することができる。
②　裁判所は、次に掲げる方法により、共有物の分割を命ずることができる。
一　共有物の現物を分割する方法
二　共有者に債務を負担させて、他の共有者の持分の全部又は一部を取得させる方法
③　前項に規定する方法により共有物を分割することができないとき、又は分割によってその価格を著しく減少させるおそれがあるときは、裁判所は、その競売を命ずることができる。
④　裁判所は、共有物の分割の裁判において、当事者に対して、金銭の支払、物の引渡し、登記義務の履行その他の給付を命ずることができる。

第２５８条の２　共有物の全部又はその持分が相続財産に属する場合において、共同相続人間で当該共有物の全部又はその持分について遺産の分割をすべきときは、当該共有物又はその持分について前条の規定による分割をすることができない。

②　共有物の持分が相続財産に属する場合において、相続開始の時から十年を経過したときは、前項の規定にかかわらず、相続財産に属する共有物の持分について前条の規定による分割をすることができる。ただし、当該共有物の持分について遺産の分割の請求があった場合において、相続人が当該共有物の持分について同条の規定による分割をすることに異議の申出をしたときは、この限りでない。

③　相続人が前項ただし書の申出をする場合には、当該申出は、当該相続人が前条第１項の規定による請求を受けた裁判所から当該請求があった旨の通知を受けた日から二箇月以内に当該裁判所にしなければならない。

（共有に関する債権の弁済）
第２５９条　共有者の一人が他の共有者に対して共有に関する債権を有するときは、分割に際し、債務者に帰属すべき共有物の部分をもって、その弁済に充てることができる。

②　債権者は、前項の弁済を受けるため債務者に帰属すべき共有物の部分を売却する必要があるときは、その売却を請求することができる。

（共有物の分割への参加）
第２６０条　共有物について権利を有する者及び各共有者の債権者は、自己の費用で、分割に参加することができる。

②　前項の規定による参加の請求があったにもかかわらず、その請求をした者を参加させないで分割をしたときは、その分割は、その請求をした者に対抗することができない。

（分割における共有者の担保責任）
第２６１条　各共有者は、他の共有者が分割によって取得した物について、売主と同じく、その持分に応じて担保の責任を負う。

（共有物に関する証書）
第２６２条　分割が完了したときは、各分割者は、その取得した物に関する証書を保存しなければならない。

②　共有者の全員又はそのうちの数人に分割した物に関する証書は、その物の最大の部分を取得した者が保存しなければならない。

③　前項の場合において、最大の部分を取得した者がないときは、分割者間の協議で証書の保存者を定める。協議が調わないときは、裁判所が、これを指定する。

④　証書の保存者は、他の分割者の請求に応じて、その証書を使用させなければならない。

（所在等不明共有者の持分の取得）
第２６２条の２　不動産が数人の共有に属する場合において、共有者が他の共有者を知ることができず、又はその所在を知ることができないときは、裁判所は、共有者の請求により、その共有者に、当該他の共有者（以下この条において「所在等不明共有者」という。）の持分を取得させる旨の裁判をすることができる。この場合において、請求をした共有者が二人以上あるときは、請求をした各共有者に、所在等不明共有者の持分を、請求をした各共有者の持分の割合で按分してそれぞれ取得させる。

②　前項の請求があった持分に係る不動産について第２５８条第１項の規定による請求又は遺産の分割の請求があり、かつ、所在等不明共有者以外の共有者が前項の請求を受けた裁判所に同項の裁判をすることについて異議がある旨の届出をしたときは、裁判所は、同項の裁判をすることができない。

③　所在等不明共有者の持分が相続財産に属する場合（共同相続人間で遺産の分割をすべき場合に限る。）において、相続開始の時から十年を経過していないときは、裁判所は、第１項の裁判をすることができない。

④　第１項の規定により共有者が所在等不明共有者の持分を取得したときは、所在等不明共有者は、当該共有者に対し、当該共有者が取得した持分の時価相当額の支払を請求することができる。

⑤　前各項の規定は、不動産の使用又は収益をする権利（所有権を除く。）が数人の共有に属する場合について準用する。

（所在等不明共有者の持分の譲渡）

第２６２条の３　不動産が数人の共有に属する場合において、共有者が他の共有者を知ることができず、又はその所在を知ることができないときは、裁判所は、共有者の請求により、その共有者に、当該他の共有者（以下この条において「所在等不明共有者」という。）以外の共有者の全員が特定の者に対してその有する持分の全部を譲渡することを停止条件として所在等不明共有者の持分を当該特定の者に譲渡する権限を付与する旨の裁判をすることができる。

②　所在等不明共有者の持分が相続財産に属する場合（共同相続人間で遺産の分割をすべき場合に限る。）において、相続開始の時から十年を経過していないときは、裁判所は、前項の裁判をすることができない。

③　第１項の裁判により付与された権限に基づき共有者が所在等不明共有者の持分を第三者に譲渡したときは、所在等不明共有者は、当該譲渡をした共有者に対し、不動産の時価相当額を所在等不明共有者の持分に応じて按分して得た額の支払を請求することができる。

④　前３項の規定は、不動産の使用又は収益をする権利（所有権を除く。）が数人の共有に属す

る場合について準用する。

（共有の性質を有する入会権）

第２６３条　共有の性質を有する入会権については、各地方の慣習に従うほか、この節の規定を適用する。

（準共有）

第２６４条　この節（第２６２条の２及び第２６２条の３を除く。）の規定は、数人で所有権以外の財産権を有する場合について準用する。ただし、法令に特別の定めがあるときは、この限りでない。

第四節　所有者不明土地管理命令及び
所有者不明建物管理命令

（所有者不明土地管理命令）

第２６４条の２　裁判所は、所有者を知ることができず、又はその所在を知ることができない土地（土地が数人の共有に属する場合にあっては、共有者を知ることができず、又はその所在を知ることができない土地の共有持分）について、必要があると認めるときは、利害関係人の請求により、その請求に係る土地又は共有持分を対象として、所有者不明土地管理人（第４項に規定する所有者不明土地管理人をいう。以下同じ。）による管理を命ずる処分（以下「所有者不明土地管理命令」という。）をすることができる。

②　所有者不明土地管理命令の効力は、当該所有者不明土地管理命令の対象とされた土地（共有持分を対象として所有者不明土地管理命令が発せられた場合にあっては、共有物である土地）にある動産（当該所有者不明土地管理命令の対象とされた土地の所有者又は共有持分を有する者が所有するものに限る。）に及ぶ。

③　所有者不明土地管理命令は、所有者不明土地管理命令が発せられた後に当該所有者不明土

地管理命令が取り消された場合において、当該所有者不明土地管理命令の対象とされた土地又は共有持分及び当該所有者不明土地管理命令の効力が及ぶ動産の管理、処分その他の事由により所有者不明土地管理人が得た財産について、必要があると認めるときも、することができる。

④　裁判所は、所有者不明土地管理命令をする場合には、当該所有者不明土地管理命令において、所有者不明土地管理人を選任しなければならない。

（所有者不明土地管理人の権限）

第２６４条の３　前条第４項の規定により所有者不明土地管理人が選任された場合には、所有者不明土地管理命令の対象とされた土地又は共有持分及び所有者不明土地管理命令の効力が及ぶ動産並びにその管理、処分その他の事由により所有者不明土地管理人が得た財産(以下「所有者不明土地等」という。)の管理及び処分をする権利は、所有者不明土地管理人に専属する。

②　所有者不明土地管理人が次に掲げる行為の範囲を超える行為をするには、裁判所の許可を得なければならない。ただし、この許可がないことをもって善意の第三者に対抗することはできない。

一　保存行為

二　所有者不明土地等の性質を変えない範囲内において、その利用又は改良を目的とする行為

（所有者不明土地等に関する訴えの取扱い）

第２６４条の４　所有者不明土地管理命令が発せられた場合には、所有者不明土地等に関する訴えについては、所有者不明土地管理人を原告又は被告とする。

（所有者不明土地管理人の義務）

第２６４条の５　所有者不明土地管理人は、↵

所有者不明土地等の所有者（その共有持分を有する者を含む。）のために、善良な管理者の注意をもって、その権限を行使しなければならない。

②　数人の者の共有持分を対象として所有者不明土地管理命令が発せられたときは、所有者不明土地管理人は、当該所有者不明土地管理命令の対象とされた共有持分を有する者全員のために、誠実かつ公平にその権限を行使しなければならない。

（所有者不明土地管理人の解任及び辞任）

第２６４条の６　所有者不明土地管理人がその任務に違反して所有者不明土地等に著しい損害を与えたことその他重要な事由があるときは、裁判所は、利害関係人の請求により、所有者不明土地管理人を解任することができる。

②　所有者不明土地管理人は、正当な事由があるときは、裁判所の許可を得て、辞任することができる。

（所有者不明土地管理人の報酬等）

第２６４条の７　所有者不明土地管理人は、所有者不明土地等から裁判所が定める額の費用の前払及び報酬を受けることができる。

②　所有者不明土地管理人による所有者不明土地等の管理に必要な費用及び報酬は、所有者不明土地等の所有者（その共有持分を有する者を含む。）の負担とする。

（所有者不明建物管理命令）

第２６４条の８　裁判所は、所有者を知ることができず、又はその所在を知ることができない建物（建物が数人の共有に属する場合にあっては、共有者を知ることができず、又はその所在を知ることができない建物の共有持分）について、必要があると認めるときは、利害関係人の請求により、その請求に係る建物又は共有持分を対象として、所有者不明建物管理人（第４項↵

に規定する所有者不明建物管理人をいう。以下この条において同じ。）による管理を命ずる処分（以下この条において「所有者不明建物管理命令」という。）をすることができる。

② 所有者不明建物管理命令の効力は、当該所有者不明建物管理命令の対象とされた建物（共有持分を対象として所有者不明建物管理命令が発せられた場合にあっては、共有物である建物）にある動産（当該所有者不明建物管理命令の対象とされた建物の所有者又は共有持分を有する者が所有するものに限る。）及び当該建物を所有し、又は当該建物の共有持分を有するための建物の敷地に関する権利（賃借権その他の使用及び収益を目的とする権利（所有権を除く。）であって、当該所有者不明建物管理命令の対象とされた建物の所有者又は共有持分を有する者が有するものに限る。）に及ぶ。

③ 所有者不明建物管理命令は、所有者不明建物管理命令が発せられた後に当該所有者不明建物管理命令が取り消された場合において、当該所有者不明建物管理命令の対象とされた建物又は共有持分並びに当該所有者不明建物管理命令の効力が及ぶ動産及び建物の敷地に関する権利の管理、処分その他の事由により所有者不明建物管理人が得た財産について、必要があると認めるときも、することができる。

④ 裁判所は、所有者不明建物管理命令をする場合には、当該所有者不明建物管理命令において、所有者不明建物管理人を選任しなければならない。

⑤ 第２６４条の３から前条までの規定は、所有者不明建物管理命令及び所有者不明建物管理人について準用する。

第五節　管理不全土地管理命令及び管理不全建物管理命令

（管理不全土地管理命令）

第２６４条の９　裁判所は、所有者による土地✒

の管理が不適当であることによって他人の権利又は法律上保護される利益が侵害され、又は侵害されるおそれがある場合において、必要があると認めるときは、利害関係人の請求により、当該土地を対象として、管理不全土地管理人（第３項に規定する管理不全土地管理人をいう。以下同じ。）による管理を命ずる処分（以下「管理不全土地管理命令」という。）をすることができる。

② 管理不全土地管理命令の効力は、当該管理不全土地管理命令の対象とされた土地にある動産（当該管理不全土地管理命令の対象とされた土地の所有者又はその共有持分を有する者が所有するものに限る。）に及ぶ。

③ 裁判所は、管理不全土地管理命令をする場合には、当該管理不全土地管理命令において、管理不全土地管理人を選任しなければならない。

（管理不全土地管理人の権限）

第２６４条の１０　管理不全土地管理人は、管理不全土地管理命令の対象とされた土地及び管理不全土地管理命令の効力が及ぶ動産並びにその管理、処分その他の事由により管理不全土地管理人が得た財産（以下「管理不全土地等」という。）の管理及び処分をする権限を有する。

② 管理不全土地管理人が次に掲げる行為の範囲を超える行為をするには、裁判所の許可を得なければならない。ただし、この許可がないことをもって善意でかつ過失がない第三者に対抗することはできない。

一　保存行為

二　管理不全土地等の性質を変えない範囲内において、その利用又は改良を目的とする行為

③ 管理不全土地管理命令の対象とされた土地の処分についての前項の許可をするには、その所有者の同意がなければならない。

（管理不全土地管理人の義務）

第２６４条の１１　管理不全土地管理人は、管理不全土地等の所有者のために、善良な管理者の注意をもって、その権限を行使しなければならない。

②　管理不全土地等が数人の共有に属する場合には、管理不全土地管理人は、その共有持分を有する者全員のために、誠実かつ公平にその権限を行使しなければならない。

（管理不全土地管理人の解任及び辞任）

第２６４条の１２　管理不全土地管理人がその任務に違反して管理不全土地等に著しい損害を与えたことその他重要な事由があるときは、裁判所は、利害関係人の請求により、管理不全土地管理人を解任することができる。

②　管理不全土地管理人は、正当な事由があるときは、裁判所の許可を得て、辞任することができる。

（管理不全土地管理人の報酬等）

第２６４条の１３　管理不全土地管理人は、管理不全土地等から裁判所が定める額の費用の前払及び報酬を受けることができる。

②　管理不全土地管理人による管理不全土地等の管理に必要な費用及び報酬は、管理不全土地等の所有者の負担とする。

（管理不全建物管理命令）

第２６４条の１４　裁判所は、所有者による建物の管理が不適当であることによって他人の権利又は法律上保護される利益が侵害され、又は侵害されるおそれがある場合において、必要があると認めるときは、利害関係人の請求により、当該建物を対象として、管理不全建物管理人（第３項に規定する管理不全建物管理人をいう。第４項において同じ。）による管理を命ずる処分（以下この条において「管理不全建物管理命令」

という。）をすることができる。

②　管理不全建物管理命令は、当該管理不全建物管理命令の対象とされた建物にある動産（当該管理不全建物管理命令の対象とされた建物の所有者又はその共有持分を有する者が所有するものに限る。）及び当該建物を所有するための建物の敷地に関する権利（賃借権その他の使用及び収益を目的とする権利（所有権を除く。）であって、当該管理不全建物管理命令の対象とされた建物の所有者又はその共有持分を有する者が有するものに限る。）に及ぶ。

③　裁判所は、管理不全建物管理命令をする場合には、当該管理不全建物管理命令において、管理不全建物管理人を選任しなければならない。

④　第２６４条の１０から前条までの規定は、管理不全建物管理命令及び管理不全建物管理人について準用する。

第四章　地上権

（地上権の内容）

第２６５条　地上権者は、他人の土地において工作物又は竹木を所有するため、その土地を使用する権利を有する。

（地代）

第２６６条　第２７４条から第２７６条までの規定は、地上権者が土地の所有者に定期の地代を支払わなければならない場合について準用する。

②　地代については、前項に規定するもののほか、その性質に反しない限り、賃貸借に関する規定を準用する。

（相隣関係の規定の準用）

第２６７条　前章第一節第二款（相隣関係）の規定は、地上権者間又は地上権者と土地の所有者との間について準用する。ただし、第２２９条の規定は、境界線上の工作物が地上権の設定

後に設けられた場合に限り、地上権者について準用する。

（地上権の存続期間）
第268条　設定行為で地上権の存続期間を定めなかった場合において、別段の慣習がないときは、地上権者は、いつでもその権利を放棄することができる。ただし、地代を支払うべきときは、一年前に予告をし、又は期限の到来していない一年分の地代を支払わなければならない。
②　地上権者が前項の規定によりその権利を放棄しないときは、裁判所は、当事者の請求により、二十年以上五十年以下の範囲内において、工作物又は竹木の種類及び状況その他地上権の設定当時の事情を考慮して、その存続期間を定める。

（工作物等の収去等）
第269条　地上権者は、その権利が消滅した時に、土地を原状に復してその工作物及び竹木を収去することができる。ただし、土地の所有者が時価相当額を提供してこれを買い取る旨を通知したときは、地上権者は、正当な理由がなければ、これを拒むことができない。
②　前項の規定と異なる慣習があるときは、その慣習に従う。

（地下又は空間を目的とする地上権）
第269条の2　地下又は空間は、工作物を所有するため、上下の範囲を定めて地上権の目的とすることができる。この場合においては、設定行為で、地上権の行使のためにその土地の使用に制限を加えることができる。
②　前項の地上権は、第三者がその土地の使用又は収益をする権利を有する場合においても、その権利又はこれを目的とする権利を有するすべての者の承諾があるときは、設定することができる。この場合において、土地の使用又は収益をする権利を有する者は、その地上権の行使を妨げることができない。

第五章　永小作権
（永小作権の内容）
第270条　永小作人は、小作料を支払って他人の土地において耕作又は牧畜をする権利を有する。

（永小作人による土地の変更の制限）
第271条　永小作人は、土地に対して、回復することのできない損害を生ずべき変更を加えることができない。

（永小作権の譲渡又は土地の賃貸）
第272条　永小作人は、その権利を他人に譲り渡し、又はその権利の存続期間内において耕作若しくは牧畜のため土地を賃貸することができる。ただし、設定行為で禁じたときは、この限りでない。

（賃貸借に関する規定の準用）
第273条　永小作人の義務については、この章の規定及び設定行為で定めるもののほか、その性質に反しない限り、賃貸借に関する規定を準用する。

（小作料の減免）
第274条　永小作人は、不可抗力により収益について損失を受けたときであっても、小作料の免除又は減額を請求することができない。

（永小作権の放棄）
第275条　永小作人は、不可抗力によって、引き続き三年以上全く収益を得ず、又は五年以上小作料より少ない収益を得たときは、その権利を放棄することができる。

（永小作権の消滅請求）

第276条 永小作人が引き続き二年以上小作料の支払を怠ったときは、土地の所有者は、永小作権の消滅を請求することができる。

（永小作権に関する慣習）

第277条 第271条から前条までの規定と異なる慣習があるときは、その慣習に従う。

（永小作権の存続期間）

第278条 永小作権の存続期間は、二十年以上五十年以下とする。設定行為で五十年より長い期間を定めたときであっても、その期間は、五十年とする。

② 永小作権の設定は、更新することができる。ただし、その存続期間は、更新の時から五十年を超えることができない。

③ 設定行為で永小作権の存続期間を定めなかったときは、その期間は、別段の慣習がある場合を除き、三十年とする。

（工作物等の収去等）

第279条 第269条の規定は、永小作権について準用する。

第六章　地役権

（地役権の内容）

第280条 地役権者は、設定行為で定めた目的に従い、他人の土地を自己の土地の便益に供する権利を有する。ただし、第三章第一節（所有権の限界）の規定（公の秩序に関するものに限る。）に違反しないものでなければならない。

（地役権の付従性）

第281条 地役権は、要役地（地役権者の土地であって、他人の土地から便益を受けるものをいう。以下同じ。）の所有権に従たるものとし

て、その所有権とともに移転し、又は要役地について存する他の権利の目的となるものとする。ただし、設定行為に別段の定めがあるときは、この限りでない。

② 地役権は、要役地から分離して譲り渡し、又は他の権利の目的とすることができない。

（地役権の不可分性）

第282条 土地の共有者の一人は、その持分につき、その土地のために又はその土地について存する地役権を消滅させることができない。

② 土地の分割又はその一部の譲渡の場合には、地役権は、その各部のために又はその各部について存する。ただし、地役権がその性質により土地の一部のみに関するときは、この限りでない。

（地役権の時効取得）

第283条 地役権は、継続的に行使され、かつ、外形上認識することができるものに限り、時効によって取得することができる。

第284条 土地の共有者の一人が時効によって地役権を取得したときは、他の共有者も、これを取得する。

② 共有者に対する時効の更新は、地役権を行使する各共有者に対してしなければ、その効力を生じない。

③ 地役権を行使する共有者が数人ある場合には、その一人について時効の完成猶予の事由があっても、時効は、各共有者のために進行する。

（用水地役権）

第285条 用水地役権の承役地（地役権者以外の者の土地であって、要役地の便益に供されるものをいう。以下同じ。）において、水が要役地及び承役地の需要に比して不足するときは、

その各土地の需要に応じて、まずこれを生活用に供し、その残余を他の用途に供するものとする。ただし、設定行為に別段の定めがあるときは、この限りでない。

② 同一の承役地について数個の用水地役権を設定したときは、後の地役権者は、前の地役権者の水の使用を妨げてはならない。

（承役地の所有者の工作物の設置義務等）
第２８６条　設定行為又は設定後の契約により、承役地の所有者が自己の費用で地役権の行使のために工作物を設け、又はその修繕をする義務を負担したときは、承役地の所有者の特定承継人も、その義務を負担する。

第２８７条　承役地の所有者は、いつでも、地役権に必要な土地の部分の所有権を放棄して地役権者に移転し、これにより前条の義務を免れることができる。

（承役地の所有者の工作物の使用）
第２８８条　承役地の所有者は、地役権の行使を妨げない範囲内において、その行使のために承役地の上に設けられた工作物を使用することができる。

② 前項の場合には、承役地の所有者は、その利益を受ける割合に応じて、工作物の設置及び保存の費用を分担しなければならない。

（承役地の時効取得による地役権の消滅）
第２８９条　承役地の占有者が取得時効に必要な要件を具備する占有をしたときは、地役権は、これによって消滅する。

第２９０条　前条の規定による地役権の消滅時効は、地役権者がその権利を行使することによって中断する。

（地役権の消滅時効）
第２９１条　第１６６条第２項に規定する消滅時効の期間は、継続的でなく行使される地役権については最後の行使の時から起算し、継続的に行使される地役権についてはその行使を妨げる事実が生じた時から起算する。

第２９２条　要役地が数人の共有に属する場合において、その一人のために時効の完成猶予又は更新があるときは、その完成猶予又は更新は、他の共有者のためにも、その効力を生ずる。

第２９３条　地役権者がその権利の一部を行使しないときは、その部分のみが時効によって消滅する。

（共有の性質を有しない入会権）
第２９４条　共有の性質を有しない入会権については、各地方の慣習に従うほか、この章の規定を準用する。

第七章　留置権
（留置権の内容）
第２９５条　他人の物の占有者は、その物に関して生じた債権を有するときは、その債権の弁済を受けるまで、その物を留置することができる。ただし、その債権が弁済期にないときは、この限りでない。

② 前項の規定は、占有が不法行為によって始まった場合には、適用しない。

（留置権の不可分性）
第２９６条　留置権者は、債権の全部の弁済を受けるまでは、留置物の全部についてその権利を行使することができる。

（留置権者による果実の収取）

第２９７条 留置権者は、留置物から生ずる果実を収取し、他の債権者に先立って、これを自己の債権の弁済に充当することができる。

② 前項の果実は、まず債権の利息に充当し、なお残余があるときは元本に充当しなければならない。

（留置権者による留置物の保管等）

第２９８条 留置権者は、善良な管理者の注意をもって、留置物を占有しなければならない。

② 留置権者は、債務者の承諾を得なければ、留置物を使用し、賃貸し、又は担保に供することができない。ただし、その物の保存に必要な使用をすることは、この限りでない。

③ 留置権者が前２項の規定に違反したときは、債務者は、留置権の消滅を請求することができる。

（留置権者による費用の償還請求）

第２９９条 留置権者は、留置物について必要費を支出したときは、所有者にその償還をさせることができる。

② 留置権者は、留置物について有益費を支出したときは、これによる価格の増加が現存する場合に限り、所有者の選択に従い、その支出した金額又は増価額を償還させることができる。ただし、裁判所は、所有者の請求により、その償還について相当の期限を許与することができる。

（留置権の行使と債権の消滅時効）

第３００条 留置権の行使は、債権の消滅時効の進行を妨げない。

（担保の供与による留置権の消滅）

第３０１条 債務者は、相当の担保を供して、留置権の消滅を請求することができる。

（占有の喪失による留置権の消滅）

第３０２条 留置権は、留置権者が留置物の占有を失うことによって、消滅する。ただし、第２９８条第２項の規定により留置物を賃貸し、又は質権の目的としたときは、この限りでない。

第八章　先取特権
第一節　総則

（先取特権の内容）

第３０３条 先取特権者は、この法律その他の法律の規定に従い、その債務者の財産について、他の債権者に先立って自己の債権の弁済を受ける権利を有する。

（物上代位）

第３０４条 先取特権は、その目的物の売却、賃貸、滅失又は損傷によって債務者が受けるべき金銭その他の物に対しても、行使することができる。ただし、先取特権者は、その払渡し又は引渡しの前に差押えをしなければならない。

② 債務者が先取特権の目的物につき設定した物権の対価についても、前項と同様とする。

（先取特権の不可分性）

第３０５条 第２９６条の規定は、先取特権について準用する。

第二節　先取特権の種類
第一款　一般の先取特権

（一般の先取特権）

第３０６条 次に掲げる原因によって生じた債権を有する者は、債務者の総財産について先取特権を有する。

一　共益の費用

二　雇用関係

三　葬式の費用

四　日用品の供給

（共益費用の先取特権）

第307条　共益の費用の先取特権は、各債権者の共同の利益のためにされた債務者の財産の保存、清算又は配当に関する費用について存在する。

②　前項の費用のうちすべての債権者に有益でなかったものについては、先取特権は、その費用によって利益を受けた債権者に対してのみ存在する。

（雇用関係の先取特権）

第308条　雇用関係の先取特権は、給料その他債務者と使用人との間の雇用関係に基づいて生じた債権について存在する。

（葬式費用の先取特権）

第309条　葬式の費用の先取特権は、債務者のためにされた葬式の費用のうち相当な額について存在する。

②　前項の先取特権は、債務者がその扶養すべき親族のためにした葬式の費用のうち相当な額についても存在する。

（日用品供給の先取特権）

第310条　日用品の供給の先取特権は、債務者又はその扶養すべき同居の親族及びその家事使用人の生活に必要な最後の六箇月間の飲食料品、燃料及び電気の供給について存在する。

第二款　動産の先取特権

（動産の先取特権）

第311条　次に掲げる原因によって生じた債権を有する者は、債務者の特定の動産について先取特権を有する。

一　不動産の賃貸借

二　旅館の宿泊

三　旅客又は荷物の運輸

四　動産の保存

五　動産の売買

六　種苗又は肥料（蚕種又は蚕の飼養に供した桑葉を含む。以下同じ。）の供給

七　農業の労務

八　工業の労務

（不動産賃貸の先取特権）

第312条　不動産の賃貸の先取特権は、その不動産の賃料その他の賃貸借関係から生じた賃借人の債務に関し、賃借人の動産について存在する。

（不動産賃貸の先取特権の目的物の範囲）

第313条　土地の賃貸人の先取特権は、その土地又はその利用のための建物に備え付けられた動産、その土地の利用に供された動産及び賃借人が占有するその土地の果実について存在する。

②　建物の賃貸人の先取特権は、賃借人がその建物に備え付けた動産について存在する。

第314条　賃借権の譲渡又は転貸の場合には、賃貸人の先取特権は、譲受人又は転借人の動産にも及ぶ。譲渡人又は転貸人が受けるべき金銭についても、同様とする。

（不動産賃貸の先取特権の被担保債権の範囲）

第315条　賃借人の財産のすべてを清算する場合には、賃貸人の先取特権は、前期、当期及び次期の賃料その他の債務並びに前期及び当期に生じた損害の賠償債務についてのみ存在する。

第316条　賃貸人は、第622条の2第1項に規定する敷金を受け取っている場合には、その敷金で弁済を受けない債権の部分についてのみ先取特権を有する。

37

民317-328

（旅館宿泊の先取特権）

第３１７条　旅館の宿泊の先取特権は、宿泊客が負担すべき宿泊料及び飲食料に関し、その旅館に在るその宿泊客の手荷物について存在する。

（運輸の先取特権）

第３１８条　運輸の先取特権は、旅客又は荷物の運送賃及び付随の費用に関し、運送人の占有する荷物について存在する。

（即時取得の規定の準用）

第３１９条　第１９２条から第１９５条までの規定は、第３１２条から前条までの規定による先取特権について準用する。

（動産保存の先取特権）

第３２０条　動産の保存の先取特権は、動産の保存のために要した費用又は動産に関する権利の保存、承認若しくは実行のために要した費用に関し、その動産について存在する。

（動産売買の先取特権）

第３２１条　動産の売買の先取特権は、動産の代価及びその利息に関し、その動産について存在する。

（種苗又は肥料の供給の先取特権）

第３２２条　種苗又は肥料の供給の先取特権は、種苗又は肥料の代価及びその利息に関し、その種苗又は肥料を用いた後一年以内にこれを用いた土地から生じた果実（蚕種又は蚕の飼養に供した桑葉の使用によって生じた物を含む。）について存在する。

（農業労務の先取特権）

第３２３条　農業の労務の先取特権は、その労務に従事する者の最後の一年間の賃金に関し、その労務によって生じた果実について存在する。

（工業労務の先取特権）

第３２４条　工業の労務の先取特権は、その労務に従事する者の最後の三箇月間の賃金に関し、その労務によって生じた製作物について存在する。

第三款　不動産の先取特権

（不動産の先取特権）

第３２５条　次に掲げる原因によって生じた債権を有する者は、債務者の特定の不動産について先取特権を有する。

一　不動産の保存

二　不動産の工事

三　不動産の売買

（不動産保存の先取特権）

第３２６条　不動産の保存の先取特権は、不動産の保存のために要した費用又は不動産に関する権利の保存、承認若しくは実行のために要した費用に関し、その不動産について存在する。

（不動産工事の先取特権）

第３２７条　不動産の工事の先取特権は、工事の設計、施工又は監理をする者が債務者の不動産に関してした工事の費用に関し、その不動産について存在する。

②　前項の先取特権は、工事によって生じた不動産の価格の増加が現存する場合に限り、その増価額についてのみ存在する。

（不動産売買の先取特権）

第３２８条　不動産の売買の先取特権は、不動産の代価及びその利息に関し、その不動産について存在する。

第三節　先取特権の順位

（一般の先取特権の順位）

第３２９条　一般の先取特権が互いに競合する場合には、その優先権の順位は、第３０６条各号に掲げる順序に従う。

②　一般の先取特権と特別の先取特権とが競合する場合には、特別の先取特権は、一般の先取特権に優先する。ただし、共益の費用の先取特権は、その利益を受けたすべての債権者に対して優先する効力を有する。

（動産の先取特権の順位）

第３３０条　同一の動産について特別の先取特権が互いに競合する場合には、その優先権の順位は、次に掲げる順序に従う。この場合において、第二号に掲げる動産の保存の先取特権について数人の保存者があるときは、後の保存者が前の保存者に優先する。

一　不動産の賃貸、旅館の宿泊及び運輸の先取特権

二　動産の保存の先取特権

三　動産の売買、種苗又は肥料の供給、農業の労務及び工業の労務の先取特権

②　前項の場合において、第一順位の先取特権者は、その債権取得の時において第二順位又は第三順位の先取特権者があることを知っていたときは、これらの者に対して優先権を行使することができない。第一順位の先取特権者のために物を保存した者に対しても、同様とする。

③　果実に関しては、第一の順位は農業の労務に従事する者に、第二の順位は種苗又は肥料の供給者に、第三の順位は土地の賃貸人に属する。

（不動産の先取特権の順位）

第３３１条　同一の不動産について特別の先取特権が互いに競合する場合には、その優先権の順位は、第３２５条各号に掲げる順序に従う。

②　同一の不動産について売買が順次された場合には、売主相互間における不動産売買の先取特権の優先権の順位は、売買の前後による。

（同一順位の先取特権）

第３３２条　同一の目的物について同一順位の先取特権者が数人あるときは、各先取特権者は、その債権額の割合に応じて弁済を受ける。

第四節　先取特権の効力

（先取特権と第三取得者）

第３３３条　先取特権は、債務者がその目的である動産をその第三取得者に引き渡した後は、その動産について行使することができない。

（先取特権と動産質権との競合）

第３３４条　先取特権と動産質権とが競合する場合には、動産質権者は、第３３０条の規定による第一順位の先取特権者と同一の権利を有する。

（一般の先取特権の効力）

第３３５条　一般の先取特権者は、まず不動産以外の財産から弁済を受け、なお不足があるのでなければ、不動産から弁済を受けることができない。

②　一般の先取特権者は、不動産については、まず特別担保の目的とされていないものから弁済を受けなければならない。

③　一般の先取特権者は、前２項の規定に従って配当に加入することを怠ったときは、その配当加入をしたならば弁済を受けることができた額については、登記をした第三者に対してその先取特権を行使することができない。

④　前３項の規定は、不動産以外の財産の代価に先立って不動産の代価を配当し、又は他の不動産の代価に先立って特別担保の目的である不動産の代価を配当する場合には、適用しない。

（一般の先取特権の対抗力）

第３３６条　一般の先取特権は、不動産について登記をしなくても、特別担保を有しない債権者に対抗することができる。ただし、登記をした第三者に対しては、この限りでない。

（不動産保存の先取特権の登記）

第３３７条　不動産の保存の先取特権の効力を保存するためには、保存行為が完了した後直ちに登記をしなければならない。

（不動産工事の先取特権の登記）

第３３８条　不動産の工事の先取特権の効力を保存するためには、工事を始める前にその費用の予算額を登記しなければならない。この場合において、工事の費用が予算額を超えるときは、先取特権は、その超過額については存在しない。

②　工事によって生じた不動産の増価額は、配当加入の時に、裁判所が選任した鑑定人に評価させなければならない。

（登記をした不動産保存又は不動産工事の先取特権）

第３３９条　前２条の規定に従って登記をした先取特権は、抵当権に先立って行使することができる。

（不動産売買の先取特権の登記）

第３４０条　不動産の売買の先取特権の効力を保存するためには、売買契約と同時に、不動産の代価又はその利息の弁済がされていない旨を登記しなければならない。

（抵当権に関する規定の準用）

第３４１条　先取特権の効力については、この節に定めるもののほか、その性質に反しない限り、抵当権に関する規定を準用する。

第九章　質権

第一節　総則

（質権の内容）

第３４２条　質権者は、その債権の担保として債務者又は第三者から受け取った物を占有し、かつ、その物について他の債権者に先立って自己の債権の弁済を受ける権利を有する。

（質権の目的）

第３４３条　質権は、譲り渡すことができない物をその目的とすることができない。

（質権の設定）

第３４４条　質権の設定は、債権者にその目的物を引き渡すことによって、その効力を生ずる。

（質権設定者による代理占有の禁止）

第３４５条　質権者は、質権設定者に、自己に代わって質物の占有をさせることができない。

（質権の被担保債権の範囲）

第３４６条　質権は、元本、利息、違約金、質権の実行の費用、質物の保存の費用及び債務の不履行又は質物の隠れた瑕疵によって生じた損害の賠償を担保する。ただし、設定行為に別段の定めがあるときは、この限りでない。

（質物の留置）

第３４７条　質権者は、前条に規定する債権の弁済を受けるまでは、質物を留置することができる。ただし、この権利は、自己に対して優先権を有する債権者に対抗することができない。

（転質）

第３４８条　質権者は、その権利の存続期間内において、自己の責任で、質物について、転質をすることができる。この場合において、転質をしたことによって生じた損失については、

不可抗力によるものであっても、その責任を負う。

（契約による質物の処分の禁止）
第３４９条　質権設定者は、設定行為又は債務の弁済期前の契約において、質権者に弁済として質物の所有権を取得させ、その他法律に定める方法によらないで質物を処分させることを約することができない。

（留置権及び先取特権の規定の準用）
第３５０条　第２９６条から第３００条まで及び第３０４条の規定は、質権について準用する。

（物上保証人の求償権）
第３５１条　他人の債務を担保するため質権を設定した者は、その債務を弁済し、又は質権の実行によって質物の所有権を失ったときは、保証債務に関する規定に従い、債務者に対して求償権を有する。

第二節　動産質
（動産質の対抗要件）
第３５２条　動産質権者は、継続して質物を占有しなければ、その質権をもって第三者に対抗することができない。

（質物の占有の回復）
第３５３条　動産質権者は、質物の占有を奪われたときは、占有回収の訴えによってのみ、その質物を回復することができる。

（動産質権の実行）
第３５４条　動産質権者は、その債権の弁済を受けないときは、正当な理由がある場合に限り、鑑定人の評価に従い質物をもって直ちに弁済に充てることを裁判所に請求することができる。この場合において、動産質権者は、あらかじめ、

その請求をする旨を債務者に通知しなければならない。

（動産質権の順位）
第３５５条　同一の動産について数個の質権が設定されたときは、その質権の順位は、設定の前後による。

第三節　不動産質
（不動産質権者による使用及び収益）
第３５６条　不動産質権者は、質権の目的である不動産の用法に従い、その使用及び収益をすることができる。

（不動産質権者による管理の費用等の負担）
第３５７条　不動産質権者は、管理の費用を支払い、その他不動産に関する負担を負う。

（不動産質権者による利息の請求の禁止）
第３５８条　不動産質権者は、その債権の利息を請求することができない。

（設定行為に別段の定めがある場合等）
第３５９条　前３条の規定は、設定行為に別段の定めがあるとき、又は担保不動産収益執行（民事執行法第１８０条第二号に規定する担保不動産収益執行をいう。以下同じ。）の開始があったときは、適用しない。

（不動産質権の存続期間）
第３６０条　不動産質権の存続期間は、十年を超えることができない。設定行為でこれより長い期間を定めたときであっても、その期間は、十年とする。
②　不動産質権の設定は、更新することができる。ただし、その存続期間は、更新の時から十年を超えることができない。

（抵当権の規定の準用）

第361条 不動産質権については、この節に定めるもののほか、その性質に反しない限り、次章（抵当権）の規定を準用する。

第四節 権利質

（権利質の目的等）

第362条 質権は、財産権をその目的とすることができる。

② 前項の質権については、この節に定めるもののほか、その性質に反しない限り、前三節（総則、動産質及び不動産質）の規定を準用する。

第363条 削除

（債権を目的とする質権の対抗要件）

第364条 債権を目的とする質権の設定（現に発生していない債権を目的とするものを含む。）は、第467条の規定に従い、第三債務者にその質権の設定を通知し、又は第三債務者がこれを承諾しなければ、これをもって第三債務者その他の第三者に対抗することができない。

第365条 削除

（質権者による債権の取立て等）

第366条 質権者は、質権の目的である債権を直接に取り立てることができる。

② 債権の目的物が金銭であるときは、質権者は、自己の債権額に対応する部分に限り、これを取り立てることができる。

③ 前項の債権の弁済期が質権者の債権の弁済期前に到来したときは、質権者は、第三債務者にその弁済をすべき金額を供託させることができる。この場合において、質権は、その供託金について存在する。

④ 債権の目的物が金銭でないときは、質権者は、弁済として受けた物について質権を有する。

第367条～第368条 削除

第十章 抵当権
第一節 総則

（抵当権の内容）

第369条 抵当権者は、債務者又は第三者が占有を移転しないで債務の担保に供した不動産について、他の債権者に先立って自己の債権の弁済を受ける権利を有する。

② 地上権及び永小作権も、抵当権の目的とすることができる。この場合においては、この章の規定を準用する。

（抵当権の効力の及ぶ範囲）

第370条 抵当権は、抵当地の上に存する建物を除き、その目的である不動産（以下「抵当不動産」という。）に付加して一体となっている物に及ぶ。ただし、設定行為に別段の定めがある場合及び債務者の行為について第424条第3項に規定する詐害行為取消請求をすることができる場合は、この限りでない。

第371条 抵当権は、その担保する債権について不履行があったときは、その後に生じた抵当不動産の果実に及ぶ。

（留置権等の規定の準用）

第372条 第296条、第304条及び第351条の規定は、抵当権について準用する。

第二節 抵当権の効力

（抵当権の順位）

第373条 同一の不動産について数個の抵当権が設定されたときは、その抵当権の順位は、登記の前後による。

（抵当権の順位の変更）

第374条 抵当権の順位は、各抵当権者の

合意によって変更することができる。ただし、利害関係を有する者があるときは、その承諾を得なければならない。

② 前項の規定による順位の変更は、その登記をしなければ、その効力を生じない。

（抵当権の被担保債権の範囲）

第375条 抵当権者は、利息その他の定期金を請求する権利を有するときは、その満期となった最後の二年分についてのみ、その抵当権を行使することができる。ただし、それ以前の定期金についても、満期後に特別の登記をしたときは、その登記の時からその抵当権を行使することを妨げない。

② 前項の規定は、抵当権者が債務の不履行によって生じた損害の賠償を請求する権利を有する場合におけるその最後の二年分についても適用する。ただし、利息その他の定期金と通算して二年分を超えることができない。

（抵当権の処分）

第376条 抵当権者は、その抵当権を他の債権の担保とし、又は同一の債務者に対する他の債権者の利益のためにその抵当権若しくはその順位を譲渡し、若しくは放棄することができる。

② 前項の場合において、抵当権者が数人のためにその抵当権の処分をしたときは、その処分の利益を受ける者の権利の順位は、抵当権の登記にした付記の前後による。

（抵当権の処分の対抗要件）

第377条 前条の場合には、第467条の規定に従い、主たる債務者に抵当権の処分を通知し、又は主たる債務者がこれを承諾しなければ、これをもって主たる債務者、保証人、抵当権設定者及びこれらの者の承継人に対抗することができない。

② 主たる債務者が前項の規定により通知を🖋

受け、又は承諾をしたときは、抵当権の処分の利益を受ける者の承諾を得ないでした弁済は、その受益者に対抗することができない。

（代価弁済）

第378条 抵当不動産について所有権又は地上権を買い受けた第三者が、抵当権者の請求に応じてその抵当権者にその代価を弁済したときは、抵当権は、その第三者のために消滅する。

（抵当権消滅請求）

第379条 抵当不動産の第三取得者は、第383条の定めるところにより、抵当権消滅請求をすることができる。

第380条 主たる債務者、保証人及びこれらの者の承継人は、抵当権消滅請求をすることができない。

第381条 抵当不動産の停止条件付第三取得者は、その停止条件の成否が未定である間は、抵当権消滅請求をすることができない。

（抵当権消滅請求の時期）

第382条 抵当不動産の第三取得者は、抵当権の実行としての競売による差押えの効力が発生する前に、抵当権消滅請求をしなければならない。

（抵当権消滅請求の手続）

第383条 抵当不動産の第三取得者は、抵当権消滅請求をするときは、登記をした各債権者に対し、次に掲げる書面を送付しなければならない。

一 取得の原因及び年月日、譲渡人及び取得者の氏名及び住所並びに抵当不動産の性質、所在及び代価その他取得者の負担を記載した書面🖋

43

二　抵当不動産に関する登記事項証明書（現に効力を有する登記事項のすべてを証明したものに限る。）

三　債権者が二箇月以内に抵当権を実行して競売の申立てをしないときは、抵当不動産の第三取得者が第一号に規定する代価又は特に指定した金額を債権の順位に従って弁済し又は供託すべき旨を記載した書面

（債権者のみなし承諾）

第３８４条　次に掲げる場合には、前条各号に掲げる書面の送付を受けた債権者は、抵当不動産の第三取得者が同条第三号に掲げる書面に記載したところにより提供した同号の代価又は金額を承諾したものとみなす。

一　その債権者が前条各号に掲げる書面の送付を受けた後二箇月以内に抵当権を実行して競売の申立てをしないとき。

二　その債権者が前号の申立てを取り下げたとき。

三　第一号の申立てを却下する旨の決定が確定したとき。

四　第一号の申立てに基づく競売の手続を取り消す旨の決定（民事執行法第１８８条において準用する同法第６３条第３項若しくは第６８条の３第３項の規定又は同法第１８３条第１項第五号の謄本若しくは記録事項証明書が提出された場合における同条第２項の規定による決定を除く。）が確定したとき。

（競売の申立ての通知）

第３８５条　第３８３条各号に掲げる書面の送付を受けた債権者は、前条第一号の申立てをするときは、同号の期間内に、債務者及び抵当不動産の譲渡人にその旨を通知しなければならない。

（抵当権消滅請求の効果）

第３８６条　登記をしたすべての債権者が抵当不動産の第三取得者の提供した代価又は金額を承諾し、かつ、抵当不動産の第三取得者がその承諾を得た代価又は金額を払い渡し又は供託したときは、抵当権は、消滅する。

（抵当権者の同意の登記がある場合の賃貸借の対抗力）

第３８７条　登記をした賃貸借は、その登記前に登記をした抵当権を有するすべての者が同意をし、かつ、その同意の登記があるときは、その同意をした抵当権者に対抗することができる。

②　抵当権者が前項の同意をするには、その抵当権を目的とする権利を有する者その他抵当権者の同意によって不利益を受けるべき者の承諾を得なければならない。

（法定地上権）

第３８８条　土地及びその上に存する建物が同一の所有者に属する場合において、その土地又は建物につき抵当権が設定され、その実行により所有者を異にするに至ったときは、その建物について、地上権が設定されたものとみなす。この場合において、地代は、当事者の請求により、裁判所が定める。

（抵当地の上の建物の競売）

第３８９条　抵当権の設定後に抵当地に建物が築造されたときは、抵当権者は、土地とともにその建物を競売することができる。ただし、その優先権は、土地の代価についてのみ行使することができる。

②　前項の規定は、その建物の所有者が抵当地を占有するについて抵当権者に対抗することができる権利を有する場合には、適用しない。

（抵当不動産の第三取得者による買受け）
第３９０条　抵当不動産の第三取得者は、その競売において買受人となることができる。

（抵当不動産の第三取得者による費用の償還請求）
第３９１条　抵当不動産の第三取得者は、抵当不動産について必要費又は有益費を支出したときは、第１９６条の区別に従い、抵当不動産の代価から、他の債権者より先にその償還を受けることができる。

（共同抵当における代価の配当）
第３９２条　債権者が同一の債権の担保として数個の不動産につき抵当権を有する場合において、同時にその代価を配当すべきときは、その各不動産の価額に応じて、その債権の負担を按分する。
②　債権者が同一の債権の担保として数個の不動産につき抵当権を有する場合において、ある不動産の代価のみを配当すべきときは、抵当権者は、その代価から債権の全部の弁済を受けることができる。この場合において、次順位の抵当権者は、その弁済を受ける抵当権者が前項の規定に従い他の不動産の代価から弁済を受けるべき金額を限度として、その抵当権者に代位して抵当権を行使することができる。

（共同抵当における代位の付記登記）
第３９３条　前条第２項後段の規定により代位によって抵当権を行使する者は、その抵当権の登記にその代位を付記することができる。

（抵当不動産以外の財産からの弁済）
第３９４条　抵当権者は、抵当不動産の代価から弁済を受けない債権の部分についてのみ、他の財産から弁済を受けることができる。
②　前項の規定は、抵当不動産の代価に先立って他の財産の代価を配当すべき場合には、適用しない。この場合において、他の各債権者は、抵当権者に同項の規定による弁済を受けさせるため、抵当権者に配当すべき金額の供託を請求することができる。

（抵当建物使用者の引渡しの猶予）
第３９５条　抵当権者に対抗することができない賃貸借により抵当権の目的である建物の使用又は収益をする者であって次に掲げるもの（次項において「抵当建物使用者」という。）は、その建物の競売における買受人の買受けの時から六箇月を経過するまでは、その建物を買受人に引き渡すことを要しない。
一　競売手続の開始前から使用又は収益をする者
二　強制管理又は担保不動産収益執行の管理人が競売手続の開始後にした賃貸借により使用又は収益をする者
②　前項の規定は、買受人の買受けの時より後に同項の建物の使用をしたことの対価について、買受人が抵当建物使用者に対し相当の期間を定めてその一箇月分以上の支払の催告をし、その相当の期間内に履行がない場合には、適用しない。

第三節　抵当権の消滅

（抵当権の消滅時効）
第３９６条　抵当権は、債務者及び抵当権設定者に対しては、その担保する債権と同時でなければ、時効によって消滅しない。

（抵当不動産の時効取得による抵当権の消滅）
第３９７条　債務者又は抵当権設定者でない者が抵当不動産について取得時効に必要な要件を具備する占有をしたときは、抵当権は、これによって消滅する。

（抵当権の目的である地上権等の放棄）

第３９８条 地上権又は永小作権を抵当権の目的とした地上権者又は永小作人は、その権利を放棄しても、これをもって抵当権者に対抗することができない。

第四節　根抵当

（根抵当権）

第３９８条の２ 抵当権は、設定行為で定めるところにより、一定の範囲に属する不特定の債権を極度額の限度において担保するためにも設定することができる。

② 前項の規定による抵当権（以下「根抵当権」という。）の担保すべき不特定の債権の範囲は、債務者との特定の継続的取引契約によって生ずるものその他債務者との一定の種類の取引によって生ずるものに限定して、定めなければならない。

③ 特定の原因に基づいて債務者との間に継続して生ずる債権、手形上若しくは小切手上の請求権又は電子記録債権（電子記録債権法（平成十九年法律第百二号）第２条第１項に規定する電子記録債権をいう。次条第２項において同じ。）は、前項の規定にかかわらず、根抵当権の担保すべき債権とすることができる。

（根抵当権の被担保債権の範囲）

第３９８条の３ 根抵当権者は、確定した元本並びに利息その他の定期金及び債務の不履行によって生じた損害の賠償の全部について、極度額を限度として、その根抵当権を行使することができる。

② 債務者との取引によらないで取得する手形上若しくは小切手上の請求権又は電子記録債権を根抵当権の担保すべき債権とした場合において、次に掲げる事由があったときは、その前に取得したものについてのみ、その根抵当権を行使することができる。ただし、その後に取得し↗

たものであっても、その事由を知らないで取得したものについては、これを行使することを妨げない。

一 債務者の支払の停止

二 債務者についての破産手続開始、再生手続開始、更生手続開始又は特別清算開始の申立て

三 抵当不動産に対する競売の申立て又は滞納処分による差押え

（根抵当権の被担保債権の範囲及び債務者の変更）

第３９８条の４ 元本の確定前においては、根抵当権の担保すべき債権の範囲の変更をすることができる。債務者の変更についても、同様とする。

② 前項の変更をするには、後順位の抵当権者その他の第三者の承諾を得ることを要しない。

③ 第１項の変更について元本の確定前に登記をしなかったときは、その変更をしなかったものとみなす。

（根抵当権の極度額の変更）

第３９８条の５ 根抵当権の極度額の変更は、利害関係を有する者の承諾を得なければ、することができない。

（根抵当権の元本確定期日の定め）

第３９８条の６ 根抵当権の担保すべき元本については、その確定すべき期日を定め又は変更することができる。

② 第３９８条の４第２項の規定は、前項の場合について準用する。

③ 第１項の期日は、これを定め又は変更した日から五年以内でなければならない。

④ 第１項の期日の変更についてその変更前の期日より前に登記をしなかったときは、担保すべき元本は、その変更前の期日に確定する。

（根抵当権の被担保債権の譲渡等）

第３９８条の７ 元本の確定前に根抵当権者から債権を取得した者は、その債権について根抵当権を行使することができない。元本の確定前に債務者のために又は債務者に代わって弁済をした者も、同様とする。

② 元本の確定前に債務の引受けがあったときは、根抵当権者は、引受人の債務について、その根抵当権を行使することができない。

③ 元本の確定前に免責的債務引受があった場合における債権者は、第４７２条の４第１項の規定にかかわらず、根抵当権を引受人が負担する債務に移すことができない。

④ 元本の確定前に債権者の交替による更改があった場合における更改前の債権者は、第５１８条第１項の規定にかかわらず、根抵当権を更改後の債務に移すことができない。元本の確定前に債務者の交替による更改があった場合における債権者も、同様とする。

（根抵当権者又は債務者の相続）

第３９８条の８ 元本の確定前に根抵当権者について相続が開始したときは、根抵当権は、相続開始の時に存する債権のほか、相続人と根抵当権設定者との合意により定めた相続人が相続の開始後に取得する債権を担保する。

② 元本の確定前にその債務者について相続が開始したときは、根抵当権は、相続開始の時に存する債務のほか、根抵当権者と根抵当権設定者との合意により定めた相続人が相続の開始後に負担する債務を担保する。

③ 第３９８条の４第２項の規定は、前２項の合意をする場合について準用する。

④ 第１項及び第２項の合意について相続の開始後六箇月以内に登記をしないときは、担保すべき元本は、相続開始の時に確定したものとみなす。

（根抵当権者又は債務者の合併）

第３９８条の９ 元本の確定前に根抵当権者について合併があったときは、根抵当権は、合併の時に存する債権のほか、合併後存続する法人又は合併によって設立された法人が合併後に取得する債権を担保する。

② 元本の確定前にその債務者について合併があったときは、根抵当権は、合併の時に存する債務のほか、合併後存続する法人又は合併によって設立された法人が合併後に負担する債務を担保する。

③ 前２項の場合には、根抵当権設定者は、担保すべき元本の確定を請求することができる。ただし、前項の場合において、その債務者が根抵当権設定者であるときは、この限りでない。

④ 前項の規定による請求があったときは、担保すべき元本は、合併の時に確定したものとみなす。

⑤ 第３項の規定による請求は、根抵当権設定者が合併のあったことを知った日から二週間を経過したときは、することができない。合併の日から一箇月を経過したときも、同様とする。

（根抵当権者又は債務者の会社分割）

第３９８条の１０ 元本の確定前に根抵当権者を分割をする会社とする分割があったときは、根抵当権は、分割の時に存する債権のほか、分割をした会社及び分割により設立された会社又は当該分割をした会社がその事業に関して有する権利義務の全部又は一部を当該会社から承継した会社が分割後に取得する債権を担保する。

② 元本の確定前にその債務者を分割をする会社とする分割があったときは、根抵当権は、分割の時に存する債務のほか、分割をした会社及び分割により設立された会社又は当該分割をした会社がその事業に関して有する権利義務の全部又は一部を当該会社から承継した会社が分割後に負担する債務を担保する。

③　前条第３項から第５項までの規定は、前２項の場合について準用する。

（根抵当権の処分）
第３９８条の１１　元本の確定前においては、根抵当権者は、第３７６条第１項の規定による根抵当権の処分をすることができない。ただし、その根抵当権を他の債権の担保とすることを妨げない。
②　第３７７条第２項の規定は、前項ただし書の場合において元本の確定前にした弁済については、適用しない。

（根抵当権の譲渡）
第３９８条の１２　元本の確定前においては、根抵当権者は、根抵当権設定者の承諾を得て、その根抵当権を譲り渡すことができる。
②　根抵当権者は、その根抵当権を二個の根抵当権に分割して、その一方を前項の規定により譲り渡すことができる。この場合において、その根抵当権を目的とする権利は、譲り渡した根抵当権について消滅する。
③　前項の規定による譲渡をするには、その根抵当権を目的とする権利を有する者の承諾を得なければならない。

（根抵当権の一部譲渡）
第３９８条の１３　元本の確定前においては、根抵当権者は、根抵当権設定者の承諾を得て、その根抵当権の一部譲渡（譲渡人が譲受人と根抵当権を共有するため、これを分割しないで譲り渡すことをいう。以下この節において同じ。）をすることができる。

（根抵当権の共有）
第３９８条の１４　根抵当権の共有者は、それぞれその債権額の割合に応じて弁済を受ける。ただし、元本の確定前に、これと異なる割合を定め、又はある者が他の者に先立って弁済を受けるべきことを定めたときは、その定めに従う。
②　根抵当権の共有者は、他の共有者の同意を得て、第３９８条の１２第１項の規定によりその権利を譲り渡すことができる。

（抵当権の順位の譲渡又は放棄と根抵当権の譲渡又は一部譲渡）
第３９８条の１５　抵当権の順位の譲渡又は放棄を受けた根抵当権者が、その根抵当権の譲渡又は一部譲渡をしたときは、譲受人は、その順位の譲渡又は放棄の利益を受ける。

（共同根抵当）
第３９８条の１６　第３９２条及び第３９３条の規定は、根抵当権については、その設定と同時に同一の債権の担保として数個の不動産につき根抵当権が設定された旨の登記をした場合に限り、適用する。

（共同根抵当の変更等）
第３９８条の１７　前条の登記がされている根抵当権の担保すべき債権の範囲、債務者若しくは極度額の変更又はその譲渡若しくは一部譲渡は、その根抵当権が設定されているすべての不動産について登記をしなければ、その効力を生じない。
②　前条の登記がされている根抵当権の担保すべき元本は、一個の不動産についてのみ確定すべき事由が生じた場合においても、確定する。

（累積根抵当）
第３９８条の１８　数個の不動産につき根抵当権を有する者は、第３９８条の１６の場合を除き、各不動産の代価について、各極度額に至るまで優先権を行使することができる。

（根抵当権の元本の確定請求）

第３９８条の１９　根抵当権設定者は、根抵当権の設定の時から三年を経過したときは、担保すべき元本の確定を請求することができる。この場合において、担保すべき元本は、その請求の時から二週間を経過することによって確定する。

②　根抵当権者は、いつでも、担保すべき元本の確定を請求することができる。この場合において、担保すべき元本は、その請求の時に確定する。

③　前２項の規定は、担保すべき元本の確定すべき期日の定めがあるときは、適用しない。

（根抵当権の元本の確定事由）

第３９８条の２０　次に掲げる場合には、根抵当権の担保すべき元本は、確定する。

一　根抵当権者が抵当不動産について競売若しくは担保不動産収益執行又は第３７２条において準用する第３０４条の規定による差押えを申し立てたとき。ただし、競売手続若しくは担保不動産収益執行手続の開始又は差押えがあったときに限る。

二　根抵当権者が抵当不動産に対して滞納処分による差押えをしたとき。

三　根抵当権者が抵当不動産に対する競売手続の開始又は滞納処分による差押えがあったことを知った時から二週間を経過したとき。

四　債務者又は根抵当権設定者が破産手続開始の決定を受けたとき。

②　前項第三号の競売手続の開始若しくは差押え又は同項第四号の破産手続開始の決定の効力が消滅したときは、担保すべき元本は、確定しなかったものとみなす。ただし、元本が確定したものとしてその根抵当権又はこれを目的とする権利を取得した者があるときは、この限りでない。

（根抵当権の極度額の減額請求）

第３９８条の２１　元本の確定後においては、根抵当権設定者は、その根抵当権の極度額を、現に存する債務の額と以後二年間に生ずべき利息その他の定期金及び債務の不履行による損害賠償の額とを加えた額に減額することを請求することができる。

②　第３９８条の１６の登記がされている根抵当権の極度額の減額については、前項の規定による請求は、そのうちの一個の不動産についてすれば足りる。

（根抵当権の消滅請求）

第３９８条の２２　元本の確定後において現に存する債務の額が根抵当権の極度額を超えるときは、他人の債務を担保するためその根抵当権を設定した者又は抵当不動産について所有権、地上権、永小作権若しくは第三者に対抗することができる賃借権を取得した第三者は、その極度額に相当する金額を払い渡し又は供託して、その根抵当権の消滅請求をすることができる。この場合において、その払渡し又は供託は、弁済の効力を有する。

②　第３９８条の１６の登記がされている根抵当権は、一個の不動産について前項の消滅請求があったときは、消滅する。

③　第３８０条及び第３８１条の規定は、第１項の消滅請求について準用する。

第三編　債権　　省略

第四編　親族　　省略

第五編　相続　　省略

（以上で民法終わり）

刑法

（明治四十年法律第四十五号）

目次

第三十二章　脅迫の罪（２２２条〜２２３条）

第三十三章　略取、誘拐及び人身売買の罪
　　　　　　（２２４条〜２２９条）

第三十四章　名誉に対する罪
　　　　　　（２３０条〜２３２条）

第三十五章　信用及び業務に対する罪
　　　　　　（２３３条〜２３４条の２）

第三十六章　窃盗及び強盗の罪
　　　　　　（２３５条〜２４５条）

第三十七章　詐欺及び恐喝の罪
　　　　　　（２４６条〜２５１条）

第三十八章　横領の罪（２５２条〜２５５条）

第三十九章　盗品等に関する罪
　　　　　　（２５６条〜２５７条）

第四十章　　毀棄及び隠匿の罪
　　　　　　（２５８条〜２６４条）

第一編　総則
第一章　通則

（国内犯）

第１条　この法律は、日本国内において罪を犯したすべての者に適用する。

②　日本国外にある日本船舶又は日本航空機内において罪を犯した者についても、前項と同様とする。

（すべての者の国外犯）

第２条　この法律は、日本国外において次に掲げる罪を犯したすべての者に適用する。

一　削除

二　第７７条から第７９条まで（内乱、予備及び陰謀、内乱等幇助）の罪

三　第８１条(外患誘致)、第８２条(外患援助)、第８７条（未遂罪）及び第８８条（予備及び陰謀）の罪

四　第１４８条（通貨偽造及び行使等）の罪及びその未遂罪

五　第１５４条（詔書偽造等）、第１５５条➹

（公文書偽造等）、第１５７条（公正証書原本不実記載等）、第１５８条（偽造公文書行使等）及び公務所又は公務員によって作られるべき電磁的記録に係る第１６１条の２（電磁的記録不正作出及び供用）の罪

六　第１６２条（有価証券偽造等）及び第１６３条（偽造有価証券行使等）の罪

七　第１６３条の２から第１６３条の５まで（支払用カード電磁的記録不正作出等、不正電磁的記録カード所持、支払用カード電磁的記録不正作出準備、未遂罪）の罪

八　第１６４条から第１６６条まで（御璽偽造及び不正使用等、公印偽造及び不正使用等、公記号偽造及び不正使用等）の罪並びに第１６４条第２項、第１６５条第２項及び第１６６条第２項の罪の未遂罪

（国民の国外犯）

第３条　この法律は、日本国外において次に掲げる罪を犯した日本国民に適用する。

一　第１０８条（現住建造物等放火）及び第１０９条第１項(非現住建造物等放火)の罪、これらの規定の例により処断すべき罪並びにこれらの罪の未遂罪

二　第１１９条（現住建造物等浸害）の罪

三　第１５９条から第１６１条まで（私文書偽造等、虚偽診断書等作成、偽造私文書等行使）及び前条第五号に規定する電磁的記録以外の電磁的記録に係る第１６１条の２の罪

四　第１６７条（私印偽造及び不正使用等）の罪及び同条第２項の罪の未遂罪

五　第１７６条から第１８１条まで（強制わいせつ、強制性交等、準強制わいせつ及び準強制性交等、監護者わいせつ及び監護者性交等、未遂罪、強制わいせつ等致死傷）及び第１８４条（重婚）の罪

六　第１９８条（贈賄）の罪➹

七　第199条（殺人）の罪及びその未遂罪

八　第204条（傷害）及び第205条（傷害致死）の罪

九　第214条から第216条まで（業務上堕胎及び同致死傷、不同意堕胎、不同意堕胎致死傷）の罪

十　第218条（保護責任者遺棄等）の罪及び同条の罪に係る第219条(遺棄等致死傷)の罪

十一　第220条（逮捕及び監禁）及び第221条（逮捕等致死傷）の罪

十二　第224条から第228条まで（未成年者略取及び誘拐、営利目的等略取及び誘拐、身の代金目的略取等、所在国外移送目的略取及び誘拐、人身売買、被略取者等所在国外移送、被略取者引渡し等、未遂罪）の罪

十三　第230条（名誉毀損）の罪

十四　第235条から第236条まで（窃盗、不動産侵奪、強盗）、第238条から第240条まで（事後強盗、昏睡強盗、強盗致死傷）、第241条第1項及び第3項（強盗・強制性交等及び同致死）並びに第243条（未遂罪）の罪

十五　第246条から第250条まで（詐欺、電子計算機使用詐欺、背任、準詐欺、恐喝、未遂罪）の罪

十六　第253条（業務上横領）の罪

十七　第256条第2項（盗品譲受け等）の罪

（国民以外の者の国外犯）

第3条の2　この法律は、日本国外において日本国民に対して次に掲げる罪を犯した日本国民以外の者に適用する。

一　第176条から第181条まで（強制わいせつ、強制性交等、準強制わいせつ及び準強制性交等、監護者わいせつ及び監護者性交等、未遂罪、強制わいせつ等致死傷）の罪

二　第199条（殺人）の罪及びその未遂罪

三　第204条（傷害）及び第205条（傷害致死）の罪

四　第220条（逮捕及び監禁）及び第221条（逮捕等致死傷）の罪

五　第224条から第228条まで（未成年者略取及び誘拐、営利目的等略取及び誘拐、身の代金目的略取等、所在国外移送目的略取及び誘拐、人身売買、被略取者等所在国外移送、被略取者引渡し等、未遂罪）の罪

六　第236条（強盗）、第238条から第240条まで（事後強盗、昏睡強盗、強盗致死傷)並びに第241条第1項及び第3項（強盗・強制性交等及び同致死）の罪並びにこれらの罪（同条第1項の罪を除く。）の未遂罪

（公務員の国外犯）

第4条　この法律は、日本国外において次に掲げる罪を犯した日本国の公務員に適用する。

一　第101条（看守者等による逃走援助）の罪及びその未遂罪

二　第156条（虚偽公文書作成等）の罪

三　第193条（公務員職権濫用）、第195条第2項（特別公務員暴行陵虐）及び第197条から第197条の4まで（収賄、受託収賄及び事前収賄、第三者供賄、加重収賄及び事後収賄、あっせん収賄）の罪並びに第195条第2項の罪に係る第196条（特別公務員職権濫用等致死傷）の罪

（条約による国外犯）

第4条の2　第2条から前条までに規定するもののほか、この法律は、日本国外において、第二編の罪であって条約により日本国外において犯したときであっても罰すべきものとされているものを犯したすべての者に適用する。

（外国判決の効力）

第５条　外国において確定裁判を受けた者であっても、同一の行為について更に処罰することを妨げない。ただし、犯人が既に外国において言い渡された刑の全部又は一部の執行を受けたときは、刑の執行を減軽し、又は免除する。

（刑の変更）

第６条　犯罪後の法律によって刑の変更があったときは、その軽いものによる。

（定義）

第７条　この法律において「公務員」とは、国又は地方公共団体の職員その他法令により公務に従事する議員、委員その他の職員をいう。

②　この法律において「公務所」とは、官公庁その他公務員が職務を行う所をいう。

第７条の２　この法律において「電磁的記録」とは、電子的方式、磁気的方式その他人の知覚によっては認識することができない方式で作られる記録であって、電子計算機による情報処理の用に供されるものをいう。

（他の法令の罪に対する適用）

第８条　この編の規定は、他の法令の罪についても、適用する。ただし、その法令に特別の規定があるときは、この限りでない。

第二章　刑

（刑の種類）

第９条　死刑、拘禁刑、罰金、拘留及び科料を主刑とし、没収を付加刑とする。

（刑の軽重）

第１０条　主刑の軽重は、前条に規定する順序による。

②　同種の刑は、長期の長いもの又は多額の多いものを重い刑とし、長期又は多額が同じであるときは、短期の長いもの又は寡額の多いものを重い刑とする。

③　二個以上の死刑又は長期若しくは多額及び短期若しくは寡額が同じである同種の刑は、犯情によってその軽重を定める。

（死刑）

第１１条　死刑は、刑事施設内において、絞首して執行する。

②　死刑の言渡しを受けた者は、その執行に至るまで刑事施設に拘置する。

（拘禁刑）

第１２条　拘禁刑は、無期及び有期とし、有期拘禁刑は、一月以上二十年以下とする。

②　拘禁刑は、刑事施設に拘置する。

③　拘禁刑に処せられた者には、改善更生を図るため、必要な作業を行わせ、又は必要な指導を行うことができる。

第１３条　削除

（有期拘禁刑の加減の限度）

第１４条　死刑又は無期拘禁刑を減軽して有期拘禁刑とする場合においては、その長期を三十年とする。

②　有期拘禁刑を加重する場合においては三十年にまで上げることができ、これを減軽する場合においては一月未満に下げることができる。

（罰金）

第１５条　罰金は、一万円以上とする。ただし、これを減軽する場合においては、一万円未満に下げることができる。

（拘留）

第16条　拘留は、一日以上三十日未満とし、刑事施設に拘置する。

②　拘留に処せられた者には、改善更生を図るため、必要な作業を行わせ、又は必要な指導を行うことができる。

（科料）

第17条　科料は、千円以上一万円未満とする。

（労役場留置）

第18条　罰金を完納することができない者は、一日以上二年以下の期間、労役場に留置する。

②　科料を完納することができない者は、一日以上三十日以下の期間、労役場に留置する。

③　罰金を併科した場合又は罰金と科料とを併科した場合における留置の期間は、三年を超えることができない。科料を併科した場合における留置の期間は、六十日を超えることができない。

④　罰金又は科料の言渡しをするときは、その言渡しとともに、罰金又は科料を完納することができない場合における留置の期間を定めて言い渡さなければならない。

⑤　罰金については裁判が確定した後三十日以内、科料については裁判が確定した後十日以内は、本人の承諾がなければ留置の執行をすることができない。

⑥　罰金又は科料の一部を納付した者についての留置の日数は、その残額を留置一日の割合に相当する金額で除して得た日数（その日数に一日未満の端数を生じるときは、これを一日とする。）とする。

（没収）

第19条　次に掲げる物は、没収することができる。

一　犯罪行為を組成した物

二　犯罪行為の用に供し、又は供しようとした物

三　犯罪行為によって生じ、若しくはこれによって得た物又は犯罪行為の報酬として得た物

四　前号に掲げる物の対価として得た物

②　没収は、犯人以外の者に属しない物に限り、これをすることができる。ただし、犯人以外の者に属する物であっても、犯罪の後にその者が情を知って取得したものであるときは、これを没収することができる。

（追徴）

第19条の2　前条第1項第三号又は第四号に掲げる物の全部又は一部を没収することができないときは、その価額を追徴することができる。

（没収の制限）

第20条　拘留又は科料のみに当たる罪については、特別の規定がなければ、没収を科することができない。ただし、第19条第1項第一号に掲げる物の没収については、この限りでない。

（未決勾留日数の本刑算入）

第21条　未決勾留の日数は、その全部又は一部を本刑に算入することができる。

第三章　期間計算

（期間の計算）

第22条　月又は年によって期間を定めたときは、暦に従って計算する。

（刑期の計算）

第23条　刑期は、裁判が確定した日から起算する。

②　拘禁されていない日数は、裁判が確定した後であっても、刑期に算入しない。

（受刑等の初日及び釈放）

第24条 受刑の初日は、時間にかかわらず、一日として計算する。時効期間の初日についても、同様とする。

② 刑期が終了した場合における釈放は、その終了の日の翌日に行う。

第四章 刑の執行猶予

（刑の全部の執行猶予）

第25条 次に掲げる者が三年以下の拘禁刑又は五十万円以下の罰金の言渡しを受けたときは、情状により、裁判が確定した日から一年以上五年以下の期間、その刑の全部の執行を猶予することができる。

一 前に拘禁刑以上の刑に処せられたことがない者

二 前に拘禁刑以上の刑に処せられたことがあっても、その執行を終わった日又はその執行の免除を得た日から五年以内に拘禁刑以上の刑に処せられたことがない者

② 前に拘禁刑に処せられたことがあってもその刑の全部の執行を猶予された者が二年以下の拘禁刑の言渡しを受け、情状に特に酌量すべきものがあるときも、前項と同様とする。ただし、この項本文の規定により刑の全部の執行を猶予されて、次条第1項の規定により保護観察に付せられ、その期間内に更に罪を犯した者については、この限りでない。

（刑の全部の執行猶予中の保護観察）

第25条の2 前条第1項の場合においては猶予の期間中保護観察に付することができ、同条第2項の場合においては猶予の期間中保護観察に付する。

② 前項の規定により付せられた保護観察は、行政官庁の処分によって仮に解除することができる。

③ 前項の規定により保護観察を仮に解除され↗

たときは、前条第2項ただし書及び第26条の2第二号の規定の適用については、その処分を取り消されるまでの間は、保護観察に付せられなかったものとみなす。

（刑の全部の執行猶予の必要的取消し）

第26条 次に掲げる場合においては、刑の全部の執行猶予の言渡しを取り消さなければならない。ただし、第三号の場合において、猶予の言渡しを受けた者が第25条第1項第二号に掲げる者であるとき、又は次条第三号に該当するときは、この限りでない。

一 猶予の期間内に更に罪を犯して拘禁刑以上の刑に処せられ、その刑の全部について執行猶予の言渡しがないとき。

二 猶予の言渡し前に犯した他の罪について拘禁刑以上の刑に処せられ、その刑の全部について執行猶予の言渡しがないとき。

三 猶予の言渡し前に他の罪について拘禁刑以上の刑に処せられたことが発覚したとき。

（刑の全部の執行猶予の裁量的取消し）

第26条の2 次に掲げる場合においては、刑の全部の執行猶予の言渡しを取り消すことができる。

一 猶予の期間内に更に罪を犯し、罰金に処せられたとき。

二 第25条の2第1項の規定により保護観察に付せられた者が遵守すべき事項を遵守せず、その情状が重いとき。

三 猶予の言渡し前に他の罪について拘禁刑に処せられ、その刑の全部の執行を猶予されたことが発覚したとき。

（刑の全部の執行猶予の取消しの場合における他の刑の執行猶予の取消し）

第26条の3 前2条の規定により拘禁刑の全部の執行猶予の言渡しを取り消したときは、↗

執行猶予中の他の拘禁刑（次条第２項後段又は第２７条の７第２項後段の規定によりその執行を猶予されているものを除く。次条第６項、第２７条の６及び第２７条の７第６項において同じ。）についても、その猶予の言渡しを取り消さなければならない。

（刑の全部の執行猶予の猶予期間経過の効果）
第２７条　刑の全部の執行猶予の言渡しを取り消されることなくその猶予の期間を経過したときは、刑の言渡しは、効力を失う。
②　前項の規定にかかわらず、刑の全部の執行猶予の期間内に更に犯した罪（罰金以上の刑に当たるものに限る。）について公訴の提起がされているときは、同項の刑の言渡しは、当該期間が経過した日から第４項又は第５項の規定によりこの項後段の規定による刑の全部の執行猶予の言渡しが取り消されることがなくなるまでの間（以下この項及び次項において「効力継続期間」という。）、引き続きその効力を有するものとする。この場合においては、当該刑については、当該効力継続期間はその全部の執行猶予の言渡しがされているものとみなす。
③　前項前段の規定にかかわらず、効力継続期間における次に掲げる規定の適用については、同項の刑の言渡しは、効力を失っているものとみなす。
一　第２５条、第２６条、第２６条の２、次条第１項及び第３項、第２７条の４（第三号に係る部分に限る。）並びに第３４条の２の規定
二　人の資格に関する法令の規定
④　第２項前段の場合において、当該罪について拘禁刑以上の刑に処せられ、その刑の全部について執行猶予の言渡しがないときは、同項後段の規定による刑の全部の執行猶予の言渡しを取り消さなければならない。ただし、当該罪が同項前段の猶予の期間の経過後に犯した罪と✍

併合罪として処断された場合において、犯情その他の情状を考慮して相当でないと認めるときは、この限りでない。
⑤　第２項前段の場合において、当該罪について罰金に処せられたときは、同項後段の規定による刑の全部の執行猶予の言渡しを取り消すことができる。
⑥　前２項の規定により刑の全部の執行猶予の言渡しを取り消したときは、執行猶予中の他の拘禁刑についても、その猶予の言渡しを取り消さなければならない。

（刑の一部の執行猶予）
第２７条の２　次に掲げる者が三年以下の拘禁刑の言渡しを受けた場合において、犯情の軽重及び犯人の境遇その他の情状を考慮して、再び犯罪をすることを防ぐために必要であり、かつ、相当であると認められるときは、一年以上五年以下の期間、その刑の一部の執行を猶予することができる。
一　前に拘禁刑以上の刑に処せられたことがない者
二　前に拘禁刑に処せられたことがあっても、その刑の全部の執行を猶予された者
三　前に拘禁刑以上の刑に処せられたことがあっても、その執行を終わった日又はその執行の免除を得た日から五年以内に拘禁刑以上の刑に処せられたことがない者
②　前項の規定によりその一部の執行を猶予された刑については、そのうち執行が猶予されなかった部分の期間を執行し、当該部分の期間の執行を終わった日又はその執行を受けることがなくなった日から、その猶予の期間を起算する。
③　前項の規定にかかわらず、その刑のうち執行が猶予されなかった部分の期間の執行を終わり、又はその執行を受けることがなくなった時において他に執行すべき拘禁刑があるときは、第１項の規定による猶予の期間は、その執行す✍

べき拘禁刑の執行を終わった日又はその執行を受けることがなくなった日から起算する。

（刑の一部の執行猶予中の保護観察）

第２７条の３　前条第１項の場合においては、猶予の期間中保護観察に付することができる。

②　前項の規定により付せられた保護観察は、行政官庁の処分によって仮に解除することができる。

③　前項の規定により保護観察を仮に解除されたときは、第２７条の５第二号の規定の適用については、その処分を取り消されるまでの間は、保護観察に付せられなかったものとみなす。

（刑の一部の執行猶予の必要的取消し）

第２７条の４　次に掲げる場合においては、刑の一部の執行猶予の言渡しを取り消さなければならない。ただし、第三号の場合において、猶予の言渡しを受けた者が第２７条の２第１項第三号に掲げる者であるときは、この限りでない。

一　猶予の言渡し後に更に罪を犯し、拘禁刑以上の刑に処せられたとき。

二　猶予の言渡し前に犯した他の罪について拘禁刑以上の刑に処せられたとき。

三　猶予の言渡し前に他の罪について拘禁刑以上の刑に処せられ、その刑の全部について執行猶予の言渡しがないことが発覚したとき。

（刑の一部の執行猶予の裁量的取消し）

第２７条の５　次に掲げる場合においては、刑の一部の執行猶予の言渡しを取り消すことができる。

一　猶予の言渡し後に更に罪を犯し、罰金に処せられたとき。

二　第２７条の３第１項の規定により保護観察に付せられた者が遵守すべき事項を遵守しなかったとき。

（刑の一部の執行猶予の取消しの場合における他の刑の執行猶予の取消し）

第２７条の６　前２条の規定により刑の一部の執行猶予の言渡しを取り消したときは、執行猶予中の他の拘禁刑についても、その猶予の言渡しを取り消さなければならない。

（刑の一部の執行猶予の猶予期間経過の効果）

第２７条の７　刑の一部の執行猶予の言渡しを取り消されることなくその猶予の期間を経過したときは、その拘禁刑を執行が猶予されなかった部分の期間を刑期とする拘禁刑に減軽する。この場合においては、当該部分の期間の執行を終わった日又はその執行を受けることがなくなった日において、刑の執行を受け終わったものとする。

②　前項の規定にかかわらず、刑の一部の執行猶予の言渡し後その猶予の期間を経過するまでに更に犯した罪（罰金以上の刑に当たるものに限る。）について公訴の提起がされているときは、当該期間が経過した日から第４項又は第５項の規定によりこの項後段の規定による刑の一部の執行猶予の言渡しが取り消されることがなくなるまでの間（以下この項及び次項において「効力継続期間」という。）、前項前段の規定による減軽は、されないものとする。この場合においては、同項の刑については、当該効力継続期間は当該猶予された部分の刑の執行猶予の言渡しがされているものとみなす。

③　前項前段の規定にかかわらず、効力継続期間における次に掲げる規定の適用については、同項の刑は、第１項前段の規定による減軽がされ、同項後段に規定する日にその執行を受け終わったものとみなす。

一　第２５条第１項（第二号に係る部分に限る。）、第２７条の２第１項（第三号に係る部分に限る。）及び第３項、第２７条の４、第２７条の５、第３４条の２並びに第５６ ↗

条第1項の規定

二　人の資格に関する法令の規定

④　第2項前段の場合において、当該罪について拘禁刑以上の刑に処せられたときは、同項後段の規定による刑の一部の執行猶予の言渡しを取り消さなければならない。ただし、当該罪が同項前段の猶予の期間の経過後に犯した罪と併合罪として処断された場合において、犯情その他の情状を考慮して相当でないと認めるときは、この限りでない。

⑤　第2項前段の場合において、当該罪について罰金に処せられたときは、同項後段の規定による刑の一部の執行猶予の言渡しを取り消すことができる。

⑥　前2項の規定により刑の一部の執行猶予の言渡しを取り消したときは、執行猶予中の他の拘禁刑についても、その猶予の言渡しを取り消さなければならない。

第五章　仮釈放

（仮釈放）

第28条　拘禁刑に処せられた者に改悛の状があるときは、有期刑についてはその刑期の三分の一を、無期刑については十年を経過した後、行政官庁の処分によって仮に釈放することができる。

（仮釈放の取消し等）

第29条　次に掲げる場合においては、仮釈放の処分を取り消すことができる。

一　仮釈放中に更に罪を犯し、罰金以上の刑に処せられたとき。

二　仮釈放前に犯した他の罪について罰金以上の刑に処せられたとき。

三　仮釈放前に他の罪について罰金以上の刑に処せられた者に対し、その刑の執行をすべきとき。

四　仮釈放中に遵守すべき事項を遵守しなかったとき。

②　刑の一部の執行猶予の言渡しを受け、その刑について仮釈放の処分を受けた場合において、当該仮釈放中に当該執行猶予の言渡しを取り消されたときは、その処分は、効力を失う。

③　仮釈放の処分を取り消したとき、又は前項の規定により仮釈放の処分が効力を失ったときは、釈放中の日数は、刑期に算入しない。

（仮出場）

第30条　拘留に処せられた者は、情状により、いつでも、行政官庁の処分によって仮に出場を許すことができる。

②　罰金又は科料を完納することができないため留置された者も、前項と同様とする。

第六章　刑の時効及び刑の消滅

（刑の時効）

第31条　刑（死刑を除く。）の言渡しを受けた者は、時効によりその執行の免除を得る。

（時効の期間）

第32条　時効は、刑の言渡しが確定した後、次の期間その執行を受けないことによって完成する。

一　無期拘禁刑については三十年

二　十年以上の有期拘禁刑については二十年

三　三年以上十年未満の拘禁刑については十年

四　三年未満の拘禁刑については五年

五　罰金については三年

六　拘留、科料及び没収については一年

（時効の停止）

第33条　時効は、法令により執行を猶予し、又は停止した期間内は、進行しない。

（時効の中断）

第34条 拘禁刑及び拘留の時効は、刑の言渡しを受けた者をその執行のために拘束することによって中断する。

② 罰金、科料及び没収の時効は、執行行為をすることによって中断する。

（刑の消滅）

第34条の2 拘禁刑以上の刑の執行を終わり又はその執行の免除を得た者が罰金以上の刑に処せられないで十年を経過したときは、刑の言渡しは、効力を失う。罰金以下の刑の執行を終わり又はその執行の免除を得た者が罰金以上の刑に処せられないで五年を経過したときも、同様とする。

② 刑の免除の言渡しを受けた者が、その言渡しが確定した後、罰金以上の刑に処せられないで二年を経過したときは、刑の免除の言渡しは、効力を失う。

第七章 犯罪の不成立及び刑の減免
（正当行為）

第35条 法令又は正当な業務による行為は、罰しない。

（正当防衛）

第36条 急迫不正の侵害に対して、自己又は他人の権利を防衛するため、やむを得ずにした行為は、罰しない。

② 防衛の程度を超えた行為は、情状により、その刑を減軽し、又は免除することができる。

（緊急避難）

第37条 自己又は他人の生命、身体、自由又は財産に対する現在の危難を避けるため、やむを得ずにした行為は、これによって生じた害が避けようとした害の程度を超えなかった場合に✦

限り、罰しない。ただし、その程度を超えた行為は、情状により、その刑を減軽し、又は免除することができる。

② 前項の規定は、業務上特別の義務がある者には、適用しない。

（故意）

第38条 罪を犯す意思がない行為は、罰しない。ただし、法律に特別の規定がある場合は、この限りでない。

② 重い罪に当たるべき行為をしたのに、行為の時にその重い罪に当たることとなる事実を知らなかった者は、その重い罪によって処断することはできない。

③ 法律を知らなかったとしても、そのことによって、罪を犯す意思がなかったとすることはできない。ただし、情状により、その刑を減軽することができる。

（心神喪失及び心神耗弱）

第39条 心神喪失者の行為は、罰しない。

② 心神耗弱者の行為は、その刑を減軽する。

第40条 削除

（責任年齢）

第41条 十四歳に満たない者の行為は、罰しない。

（自首等）

第42条 罪を犯した者が捜査機関に発覚する前に自首したときは、その刑を減軽することができる。

② 告訴がなければ公訴を提起することができない罪について、告訴をすることができる者に対して自己の犯罪事実を告げ、その措置にゆだねたときも、前項と同様とする。

第八章　未遂罪

（未遂減免）

第43条　犯罪の実行に着手してこれを遂げなかった者は、その刑を減軽することができる。ただし、自己の意思により犯罪を中止したときは、その刑を減軽し、又は免除する。

（未遂罪）

第44条　未遂を罰する場合は、各本条で定める。

第九章　併合罪

（併合罪）

第45条　確定裁判を経ていない二個以上の罪を併合罪とする。ある罪について拘禁刑以上の刑に処する確定裁判があったときは、その罪とその裁判が確定する前に犯した罪とに限り、併合罪とする。

（併科の制限）

第46条　併合罪のうちの一個の罪について死刑に処するときは、他の刑を科さない。ただし、没収は、この限りでない。

②　併合罪のうちの一個の罪について無期拘禁刑に処するときも、他の刑を科さない。ただし、罰金、科料及び没収は、この限りでない。

（有期拘禁刑の加重）

第47条　併合罪のうちの二個以上の罪について有期拘禁刑に処するときは、その最も重い罪について定めた刑の長期にその二分の一を加えたものを長期とする。ただし、それぞれの罪について定めた刑の長期の合計を超えることはできない。

（罰金の併科等）

第48条　罰金と他の刑とは、併科する。ただし、第46条第1項の場合は、この限りでない。

②　併合罪のうちの二個以上の罪について罰金に処するときは、それぞれの罪について定めた罰金の多額の合計以下で処断する。

（没収の付加）

第49条　併合罪のうちの重い罪について没収を科さない場合であっても、他の罪について没収の事由があるときは、これを付加することができる。

②　二個以上の没収は、併科する。

（余罪の処理）

第50条　併合罪のうちに既に確定裁判を経た罪とまだ確定裁判を経ていない罪とがあるときは、確定裁判を経ていない罪について更に処断する。

（併合罪に係る二個以上の刑の執行）

第51条　併合罪について二個以上の裁判があったときは、その刑を併せて執行する。ただし、死刑を執行すべきときは、没収を除き、他の刑を執行せず、無期拘禁刑を執行すべきときは、罰金、科料及び没収を除き、他の刑を執行しない。

②　前項の場合における有期拘禁刑の執行は、その最も重い罪について定めた刑の長期にその二分の一を加えたものを超えることができない。

（一部に大赦があった場合の措置）

第52条　併合罪について処断された者がその一部の罪につき大赦を受けたときは、他の罪について改めて刑を定める。

（拘留及び科料の併科）

第53条　拘留又は科料と他の刑とは、併科する。ただし、第46条の場合は、この限りでない。

②　二個以上の拘留又は科料は、併科する。

（一個の行為が二個以上の罪名に触れる場合等の処理）

第５４条　一個の行為が二個以上の罪名に触れ、又は犯罪の手段若しくは結果である行為が他の罪名に触れるときは、その最も重い刑により処断する。

②　第４９条第２項の規定は、前項の場合にも、適用する。

第５５条　削除

第十章　累犯

（再犯）

第５６条　拘禁刑に処せられた者がその執行を終わった日又はその執行の免除を得た日から五年以内に更に罪を犯した場合において、その者を有期拘禁刑に処するときは、再犯とする。

②　死刑に処せられた者がその執行の免除を得た日又は減刑により拘禁刑に減軽されてその執行を終わった日若しくはその執行の免除を得た日から五年以内に更に罪を犯した場合において、その者を有期拘禁刑に処するときも、前項と同様とする。

（再犯加重）

第５７条　再犯の刑は、その罪について定めた拘禁刑の長期の二倍以下とする。

第５８条　削除

（三犯以上の累犯）

第５９条　三犯以上の者についても、再犯の例による。

第十一章　共犯

（共同正犯）

第６０条　二人以上共同して犯罪を実行した者は、すべて正犯とする。

（教唆）

第６１条　人を教唆して犯罪を実行させた者には、正犯の刑を科する。

②　教唆者を教唆した者についても、前項と同様とする。

（幇助）

第６２条　正犯を幇助した者は、従犯とする。

②　従犯を教唆した者には、従犯の刑を科する。

（従犯減軽）

第６３条　従犯の刑は、正犯の刑を減軽する。

（教唆及び幇助の処罰の制限）

第６４条　拘留又は科料のみに処すべき罪の教唆者及び従犯は、特別の規定がなければ、罰しない。

（身分犯の共犯）

第６５条　犯人の身分によって構成すべき犯罪行為に加功したときは、身分のない者であっても、共犯とする。

②　身分によって特に刑の軽重があるときは、身分のない者には通常の刑を科する。

第十二章　酌量減軽

（酌量減軽）

第６６条　犯罪の情状に酌量すべきものがあるときは、その刑を減軽することができる。

（法律上の加減と酌量減軽）

第６７条　法律上刑を加重し、又は減軽する場合であっても、酌量減軽をすることができる。

第十三章　加重減軽の方法

（法律上の減軽の方法）

第６８条　法律上刑を減軽すべき一個又は二個以上の事由があるときは、次の例による。

一 死刑を減軽するときは、無期又は十年以上
　の拘禁刑とする。
二 無期拘禁刑を減軽するときは、七年以上の
　有期拘禁刑とする。
三 有期拘禁刑を減軽するときは、その長期及
　び短期の二分の一を減ずる。
四 罰金を減軽するときは、その多額及び寡額
　の二分の一を減ずる。
五 拘留を減軽するときは、その長期の二分の
　一を減ずる。
六 科料を減軽するときは、その多額の二分の
　一を減ずる。

（法律上の減軽と刑の選択）
第６９条　法律上刑を減軽すべき場合におい
て、各本条に二個以上の刑名があるときは、ま
ず適用する刑を定めて、その刑を減軽する。

（端数の切捨て）
第７０条　拘禁刑又は拘留を減軽することに
より一日に満たない端数が生じたときは、これ
を切り捨てる。

（酌量減軽の方法）
第７１条　酌量減軽をするときも、第６８条及
び前条の例による。

（加重減軽の順序）
第７２条　同時に刑を加重し、又は減軽すると
きは、次の順序による。
一 再犯加重
二 法律上の減軽
三 併合罪の加重
四 酌量減軽

第二編　罪
第一章　削除
第７３条〜第７６条　削除

第二章　内乱に関する罪
（内乱）
第７７条　国の統治機構を破壊し、又はその領
土において国権を排除して権力を行使し、その
他憲法の定める統治の基本秩序を壊乱すること
を目的として暴動をした者は、内乱の罪とし、
次の区別に従って処断する。
一 首謀者は、死刑又は無期拘禁刑に処する。
二 謀議に参与し、又は群衆を指揮した者は無
　期又は三年以上の拘禁刑に処し、その他諸般
　の職務に従事した者は一年以上十年以下
　の拘禁刑に処する。
三 付和随行し、その他単に暴動に参加した者
　は、三年以下の拘禁刑に処する。
② 前項の罪の未遂は、罰する。ただし、同項
第三号に規定する者については、この限りでな
い。

（予備及び陰謀）
第７８条　内乱の予備又は陰謀をした者は、一
年以上十年以下の拘禁刑に処する。

（内乱等幇助）
第７９条　兵器、資金若しくは食糧を供給し、
又はその他の行為により、前２条の罪を幇助し
た者は、七年以下の拘禁刑に処する。

（自首による刑の免除）
第８０条　前２条の罪を犯した者であっても、
暴動に至る前に自首したときは、その刑を免除
する。

第三章　外患に関する罪
（外患誘致）
第８１条　外国と通謀して日本国に対し武力
を行使させた者は、死刑に処する。

（外患援助）

第８２条　日本国に対して外国から武力の行使があったときに、これに加担して、その軍務に服し、その他これに軍事上の利益を与えた者は、死刑又は無期若しくは二年以上の拘禁刑に処する。

第８３条～第８６条　削除

（未遂罪）

第８７条　第８１条及び第８２条の罪の未遂は、罰する。

（予備及び陰謀）

第８８条　第８１条又は第８２条の罪の予備又は陰謀をした者は、一年以上十年以下の拘禁刑に処する。

第８９条　削除

第四章　国交に関する罪

第９０条～第９１条　削除

（外国国章損壊等）

第９２条　外国に対して侮辱を加える目的で、その国の国旗その他の国章を損壊し、除去し、又は汚損した者は、二年以下の拘禁刑又は二十万円以下の罰金に処する。

②　前項の罪は、外国政府の請求がなければ公訴を提起することができない。

（私戦予備及び陰謀）

第９３条　外国に対して私的に戦闘行為をする目的で、その予備又は陰謀をした者は、三月以上五年以下の拘禁刑に処する。ただし、自首した者は、その刑を免除する。

（中立命令違反）

第９４条　外国が交戦している際に、局外中立に関する命令に違反した者は、三年以下の拘禁刑又は五十万円以下の罰金に処する。

第五章　公務の執行を妨害する罪

（公務執行妨害及び職務強要）

第９５条　公務員が職務を執行するに当たり、これに対して暴行又は脅迫を加えた者は、三年以下の拘禁刑又は五十万円以下の罰金に処する。

②　公務員に、ある処分をさせ、若しくはさせないため、又はその職を辞させるために、暴行又は脅迫を加えた者も、前項と同様とする。

（封印等破棄）

第９６条　公務員が施した封印若しくは差押えの表示を損壊し、又はその他の方法によりその封印若しくは差押えの表示に係る命令若しくは処分を無効にした者は、三年以下の拘禁刑若しくは二百五十万円以下の罰金に処し、又はこれを併科する。

（強制執行妨害目的財産損壊等）

第９６条の２　強制執行を妨害する目的で、次の各号のいずれかに該当する行為をした者は、三年以下の拘禁刑若しくは二百五十万円以下の罰金に処し、又はこれを併科する。情を知って、第三号に規定する譲渡又は権利の設定の相手方となった者も、同様とする。

一　強制執行を受け、若しくは受けるべき財産を隠匿し、損壊し、若しくはその譲渡を仮装し、又は債務の負担を仮装する行為

二　強制執行を受け、又は受けるべき財産について、その現状を改変して、価格を減損し、又は強制執行の費用を増大させる行為

三　金銭執行を受けるべき財産について、無償その他の不利益な条件で、譲渡をし、又は権利の設定をする行為

（強制執行行為妨害等）

第96条の3 偽計又は威力を用いて、立入り、占有者の確認その他の強制執行の行為を妨害した者は、三年以下の拘禁刑若しくは二百五十万円以下の罰金に処し、又はこれを併科する。

② 強制執行の申立てをさせず又はその申立てを取り下げさせる目的で、申立権者又はその代理人に対して暴行又は脅迫を加えた者も、前項と同様とする。

（強制執行関係売却妨害）

第96条の4 偽計又は威力を用いて、強制執行において行われ、又は行われるべき売却の公正を害すべき行為をした者は、三年以下の拘禁刑若しくは二百五十万円以下の罰金に処し、又はこれを併科する。

（加重封印等破棄等）

第96条の5 報酬を得、又は得させる目的で、人の債務に関して、第96条から前条までの罪を犯した者は、五年以下の拘禁刑若しくは五百万円以下の罰金に処し、又はこれを併科する。

（公契約関係競売等妨害）

第96条の6 偽計又は威力を用いて、公の競売又は入札で契約を締結するためのものの公正を害すべき行為をした者は、三年以下の拘禁刑若しくは二百五十万円以下の罰金に処し、又はこれを併科する。

② 公正な価格を害し又は不正な利益を得る目的で、談合した者も、前項と同様とする。

第六章　逃走の罪

（逃走）

第97条 裁判の執行により拘禁された既決又は未決の者が逃走したときは、一年以下の拘禁刑に処する。

（加重逃走）

第98条 前条に規定する者又は勾引状の執行を受けた者が拘禁場若しくは拘束のための器具を損壊し、暴行若しくは脅迫をし、又は二人以上通謀して、逃走したときは、三月以上五年以下の拘禁刑に処する。

（被拘禁者奪取）

第99条 法令により拘禁された者を奪取した者は、三月以上五年以下の拘禁刑に処する。

（逃走援助）

第100条 法令により拘禁された者を逃走させる目的で、器具を提供し、その他逃走を容易にすべき行為をした者は、三年以下の拘禁刑に処する。

② 前項の目的で、暴行又は脅迫をした者は、三月以上五年以下の拘禁刑に処する。

（看守者等による逃走援助）

第101条 法令により拘禁された者を看守し又は護送する者がその拘禁された者を逃走させたときは、一年以上十年以下の拘禁刑に処する。

（未遂罪）

第102条 この章の罪の未遂は、罰する。

第七章　犯人蔵匿及び証拠隠滅の罪

（犯人蔵匿等）

第103条 罰金以上の刑に当たる罪を犯した者又は拘禁中に逃走した者を蔵匿し、又は隠避させた者は、三年以下の拘禁刑又は三十万円以下の罰金に処する。

（証拠隠滅等）

第104条 他人の刑事事件に関する証拠を隠滅し、偽造し、若しくは変造し、又は偽造

若しくは変造の証拠を使用した者は、三年以下の拘禁刑又は三十万円以下の罰金に処する。

（親族による犯罪に関する特例）
第105条　前2条の罪については、犯人又は逃走した者の親族がこれらの者の利益のために犯したときは、その刑を免除することができる。

（証人等威迫）
第105条の2　自己若しくは他人の刑事事件の捜査若しくは審判に必要な知識を有すると認められる者又はその親族に対し、当該事件に関して、正当な理由がないのに面会を強請し、又は強談威迫の行為をした者は、二年以下の拘禁刑又は三十万円以下の罰金に処する。

第八章　騒乱の罪
（騒乱）
第106条　多衆で集合して暴行又は脅迫をした者は、騒乱の罪とし、次の区別に従って処断する。
一　首謀者は、一年以上十年以下の拘禁刑に処する。
二　他人を指揮し、又は他人に率先して勢いを助けた者は、六月以上七年以下の拘禁刑に処する。
三　付和随行した者は、十万円以下の罰金に処する。

（多衆不解散）
第107条　暴行又は脅迫をするため多衆が集合した場合において、権限のある公務員から解散の命令を三回以上受けたにもかかわらず、なお解散しなかったときは、首謀者は三年以下の拘禁刑に処し、その他の者は十万円以下の罰金に処する。

第九章　放火及び失火の罪
（現住建造物等放火）
第108条　放火して、現に人が住居に使用し又は現に人がいる建造物、汽車、電車、艦船又は鉱坑を焼損した者は、死刑又は無期若しくは五年以上の拘禁刑に処する。

（非現住建造物等放火）
第109条　放火して、現に人が住居に使用せず、かつ、現に人がいない建造物、艦船又は鉱坑を焼損した者は、二年以上の有期拘禁刑に処する。
②　前項の物が自己の所有に係るときは、六月以上七年以下の拘禁刑に処する。ただし、公共の危険を生じなかったときは、罰しない。

（建造物等以外放火）
第110条　放火して、前2条に規定する物以外の物を焼損し、よって公共の危険を生じさせた者は、一年以上十年以下の拘禁刑に処する。
②　前項の物が自己の所有に係るときは、一年以下の拘禁刑又は十万円以下の罰金に処する。

（延焼）
第111条　第109条第2項又は前条第2項の罪を犯し、よって第108条又は第109条第1項に規定する物に延焼させたときは、三月以上十年以下の拘禁刑に処する。
②　前条第2項の罪を犯し、よって同条第1項に規定する物に延焼させたときは、三年以下の拘禁刑に処する。

（未遂罪）
第112条　第108条及び第109条第1項の罪の未遂は、罰する。

（予備）

第１１３条　第１０８条又は第１０９条第１項の罪を犯す目的で、その予備をした者は、二年以下の拘禁刑に処する。ただし、情状により、その刑を免除することができる。

（消火妨害）

第１１４条　火災の際に、消火用の物を隠匿し、若しくは損壊し、又はその他の方法により、消火を妨害した者は、一年以上十年以下の拘禁刑に処する。

（差押え等に係る自己の物に関する特例）

第１１５条　第１０９条第１項及び第１１０条第１項に規定する物が自己の所有に係るものであっても、差押えを受け、物権を負担し、賃貸し、配偶者居住権が設定され、又は保険に付したものである場合において、これを焼損したときは、他人の物を焼損した者の例による。

（失火）

第１１６条　失火により、第１０８条に規定する物又は他人の所有に係る第１０９条に規定する物を焼損した者は、五十万円以下の罰金に処する。

②　失火により、第１０９条に規定する物であって自己の所有に係るもの又は第１１０条に規定する物を焼損し、よって公共の危険を生じさせた者も、前項と同様とする。

（激発物破裂）

第１１７条　火薬、ボイラーその他の激発すべき物を破裂させて、第１０８条に規定する物又は他人の所有に係る第１０９条に規定する物を損壊した者は、放火の例による。第１０９条に規定する物であって自己の所有に係るもの又は第１１０条に規定する物を損壊し、よって公共

の危険を生じさせた者も、同様とする。

②　前項の行為が過失によるときは、失火の例による。

（業務上失火等）

第１１７条の２　第１１６条又は前条第１項の行為が業務上必要な注意を怠ったことによるとき、又は重大な過失によるときは、三年以下の拘禁刑又は百五十万円以下の罰金に処する。

（ガス漏出等及び同致死傷）

第１１８条　ガス、電気又は蒸気を漏出させ、流出させ、又は遮断し、よって人の生命、身体又は財産に危険を生じさせた者は、三年以下の拘禁刑又は十万円以下の罰金に処する。

②　ガス、電気又は蒸気を漏出させ、流出させ、又は遮断し、よって人を死傷させた者は、傷害の罪と比較して、重い刑により処断する。

第十章　出水及び水利に関する罪
（現住建造物等浸害）

第１１９条　出水させて、現に人が住居に使用し又は現に人がいる建造物、汽車、電車又は鉱坑を浸害した者は、死刑又は無期若しくは三年以上の拘禁刑に処する。

（非現住建造物等浸害）

第１２０条　出水させて、前条に規定する物以外の物を浸害し、よって公共の危険を生じさせた者は、一年以上十年以下の拘禁刑に処する。

②　浸害した物が自己の所有に係るときは、その物が差押えを受け、物権を負担し、賃貸し、配偶者居住権が設定され、又は保険に付したものである場合に限り、前項の例による。

（水防妨害）

第１２１条　水害の際に、水防用の物を隠匿し、

若しくは損壊し、又はその他の方法により、水防を妨害した者は、一年以上十年以下の拘禁刑に処する。

（過失建造物等浸害）
第１２２条　過失により出水させて、第１１９条に規定する物を浸害した者又は第１２０条に規定する物を浸害し、よって公共の危険を生じさせた者は、二十万円以下の罰金に処する。

（水利妨害及び出水危険）
第１２３条　堤防を決壊させ、水門を破壊し、その他水利の妨害となるべき行為又は出水させるべき行為をした者は、二年以下の拘禁刑又は二十万円以下の罰金に処する。

第十一章　往来を妨害する罪
（往来妨害及び同致死傷）
第１２４条　陸路、水路又は橋を損壊し、又は閉塞して往来の妨害を生じさせた者は、二年以下の拘禁刑又は二十万円以下の罰金に処する。
②　前項の罪を犯し、よって人を死傷させた者は、傷害の罪と比較して、重い刑により処断する。

（往来危険）
第１２５条　鉄道若しくはその標識を損壊し、又はその他の方法により、汽車又は電車の往来の危険を生じさせた者は、二年以上の有期拘禁刑に処する。
②　灯台若しくは浮標を損壊し、又はその他の方法により、艦船の往来の危険を生じさせた者も、前項と同様とする。

（汽車転覆等及び同致死）
第１２６条　現に人がいる汽車又は電車を転覆させ、又は破壊した者は、無期又は三年以上の拘禁刑に処する。

②　現に人がいる艦船を転覆させ、沈没させ、又は破壊した者も、前項と同様とする。
③　前２項の罪を犯し、よって人を死亡させた者は、死刑又は無期拘禁刑に処する。

（往来危険による汽車転覆等）
第１２７条　第１２５条の罪を犯し、よって汽車若しくは電車を転覆させ、若しくは破壊し、又は艦船を転覆させ、沈没させ、若しくは破壊した者も、前条の例による。

（未遂罪）
第１２８条　第１２４条第１項、第１２５条並びに第１２６条第１項及び第２項の罪の未遂は、罰する。

（過失往来危険）
第１２９条　過失により、汽車、電車若しくは艦船の往来の危険を生じさせ、又は汽車若しくは電車を転覆させ、若しくは破壊し、若しくは艦船を転覆させ、沈没させ、若しくは破壊した者は、三十万円以下の罰金に処する。
②　その業務に従事する者が前項の罪を犯したときは、三年以下の拘禁刑又は五十万円以下の罰金に処する。

第十二章　住居を侵す罪
（住居侵入等）
第１３０条　正当な理由がないのに、人の住居若しくは人の看守する邸宅、建造物若しくは艦船に侵入し、又は要求を受けたにもかかわらずこれらの場所から退去しなかった者は、三年以下の拘禁刑又は十万円以下の罰金に処する。

第１３１条　削除

（未遂罪）
第１３２条　第１３０条の罪の未遂は、罰する。

67

第十三章　秘密を侵す罪

（信書開封）

第133条　正当な理由がないのに、封をしてある信書を開けた者は、一年以下の拘禁刑又は二十万円以下の罰金に処する。

（秘密漏示）

第134条　医師、薬剤師、医薬品販売業者、助産師、弁護士、弁護人、公証人又はこれらの職にあった者が、正当な理由がないのに、その業務上取り扱ったことについて知り得た人の秘密を漏らしたときは、六月以下の拘禁刑又は十万円以下の罰金に処する。

②　宗教、祈祷若しくは祭祀の職にある者又はこれらの職にあった者が、正当な理由がないのに、その業務上取り扱ったことについて知り得た人の秘密を漏らしたときも、前項と同様とする。

（親告罪）

第135条　この章の罪は、告訴がなければ公訴を提起することができない。

第十四章　あへん煙に関する罪

（あへん煙輸入等）

第136条　あへん煙を輸入し、製造し、販売し、又は販売の目的で所持した者は、六月以上七年以下の拘禁刑に処する。

（あへん煙吸食器具輸入等）

第137条　あへん煙を吸食する器具を輸入し、製造し、販売し、又は販売の目的で所持した者は、三月以上五年以下の拘禁刑に処する。

（税関職員によるあへん煙輸入等）

第138条　税関職員が、あへん煙又はあへん煙を吸食するための器具を輸入し、又はこれらの輸入を許したときは、一年以上十年以下の拘禁刑に処する。

（あへん煙吸食及び場所提供）

第139条　あへん煙を吸食した者は、三年以下の拘禁刑に処する。

②　あへん煙の吸食のため建物又は室を提供して利益を図った者は、六月以上七年以下の拘禁刑に処する。

（あへん煙等所持）

第140条　あへん煙又はあへん煙を吸食するための器具を所持した者は、一年以下の拘禁刑に処する。

（未遂罪）

第141条　この章の罪の未遂は、罰する。

第十五章　飲料水に関する罪

（浄水汚染）

第142条　人の飲料に供する浄水を汚染し、よって使用することができないようにした者は、六月以下の拘禁刑又は十万円以下の罰金に処する。

（水道汚染）

第143条　水道により公衆に供給する飲料の浄水又はその水源を汚染し、よって使用することができないようにした者は、六月以上七年以下の拘禁刑に処する。

（浄水毒物等混入）

第144条　人の飲料に供する浄水に毒物その他人の健康を害すべき物を混入した者は、三年以下の拘禁刑に処する。

（浄水汚染等致死傷）

第145条　前3条の罪を犯し、よって人を死傷させた者は、傷害の罪と比較して、重い刑により処断する。

（水道毒物等混入及び同致死）

第１４６条　水道により公衆に供給する飲料の浄水又はその水源に毒物その他人の健康を害すべき物を混入した者は、二年以上の有期拘禁刑に処する。よって人を死亡させた者は、死刑又は無期若しくは五年以上の拘禁刑に処する。

（水道損壊及び閉塞）

第１４７条　公衆の飲料に供する浄水の水道を損壊し、又は閉塞した者は、一年以上十年以下の拘禁刑に処する。

　　　第十六章　通貨偽造の罪
（通貨偽造及び行使等）

第１４８条　行使の目的で、通用する貨幣、紙幣又は銀行券を偽造し、又は変造した者は、無期又は三年以上の拘禁刑に処する。

②　偽造又は変造の貨幣、紙幣又は銀行券を行使し、又は行使の目的で人に交付し、若しくは輸入した者も、前項と同様とする。

（外国通貨偽造及び行使等）

第１４９条　行使の目的で、日本国内に流通している外国の貨幣、紙幣又は銀行券を偽造し、又は変造した者は、二年以上の有期拘禁刑に処する。

②　偽造又は変造の外国の貨幣、紙幣又は銀行券を行使し、又は行使の目的で人に交付し、若しくは輸入した者も、前項と同様とする。

（偽造通貨等収得）

第１５０条　行使の目的で、偽造又は変造の貨幣、紙幣又は銀行券を収得した者は、三年以下の拘禁刑に処する。

（未遂罪）

第１５１条　前３条の罪の未遂は、罰する。

（収得後知情行使等）

第１５２条　貨幣、紙幣又は銀行券を収得した後に、それが偽造又は変造のものであることを知って、これを行使し、又は行使の目的で人に交付した者は、その額面価格の三倍以下の罰金又は科料に処する。ただし、二千円以下にすることはできない。

（通貨偽造等準備）

第１５３条　貨幣、紙幣又は銀行券の偽造又は変造の用に供する目的で、器械又は原料を準備した者は、三月以上五年以下の拘禁刑に処する。

　　　第十七章　文書偽造の罪
（詔書偽造等）

第１５４条　行使の目的で、御璽、国璽若しくは御名を使用して詔書その他の文書を偽造し、又は偽造した御璽、国璽若しくは御名を使用して詔書その他の文書を偽造した者は、無期又は三年以上の拘禁刑に処する。

②　御璽若しくは国璽を押し又は御名を署した詔書その他の文書を変造した者も、前項と同様とする。

（公文書偽造等）

第１５５条　行使の目的で、公務所若しくは公務員の印章若しくは署名を使用して公務所若しくは公務員の作成すべき文書若しくは図画を偽造し、又は偽造した公務所若しくは公務員の印章若しくは署名を使用して公務所若しくは公務員の作成すべき文書若しくは図画を偽造した者は、一年以上十年以下の拘禁刑に処する。

②　公務所又は公務員が押印し又は署名した文書又は図画を変造した者も、前項と同様とする。

③　前２項に規定するもののほか、公務所若しくは公務員の作成すべき文書若しくは図画を偽造し、又は公務所若しくは公務員が作成した文書若しくは図画を変造した者は、三年以下の拘禁刑又は二十万円以下の罰金に処する。

（虚偽公文書作成等）

第156条 公務員が、その職務に関し、行使の目的で、虚偽の文書若しくは図画を作成し、又は文書若しくは図画を変造したときは、印章又は署名の有無により区別して、前2条の例による。

（公正証書原本不実記載等）

第157条 公務員に対し虚偽の申立てをして、登記簿、戸籍簿その他の権利若しくは義務に関する公正証書の原本に不実の記載をさせ、又は権利若しくは義務に関する公正証書の原本として用いられる電磁的記録に不実の記録をさせた者は、五年以下の拘禁刑又は五十万円以下の罰金に処する。

② 公務員に対し虚偽の申立てをして、免状、鑑札又は旅券に不実の記載をさせた者は、一年以下の拘禁刑又は二十万円以下の罰金に処する。

③ 前2項の罪の未遂は、罰する。

（偽造公文書行使等）

第158条 第154条から前条までの文書若しくは図画を行使し、又は前条第1項の電磁的記録を公正証書の原本としての用に供した者は、その文書若しくは図画を偽造し、若しくは変造し、虚偽の文書若しくは図画を作成し、又は不実の記載若しくは記録をさせた者と同一の刑に処する。

② 前項の罪の未遂は、罰する。

（私文書偽造等）

第159条 行使の目的で、他人の印章若しくは署名を使用して権利、義務若しくは事実証明に関する文書若しくは図画を偽造し、又は偽造した他人の印章若しくは署名を使用して権利、義務若しくは事実証明に関する文書若しくは図画を偽造した者は、三月以上五年以下の拘禁刑↵

に処する。

② 他人が押印し又は署名した権利、義務又は事実証明に関する文書又は図画を変造した者も、前項と同様とする。

③ 前2項に規定するもののほか、権利、義務又は事実証明に関する文書又は図画を偽造し、又は変造した者は、一年以下の拘禁刑又は十万円以下の罰金に処する。

（虚偽診断書等作成）

第160条 医師が公務所に提出すべき診断書、検案書又は死亡証書に虚偽の記載をしたときは、三年以下の拘禁刑又は三十万円以下の罰金に処する。

（偽造私文書等行使）

第161条 前2条の文書又は図画を行使した者は、その文書若しくは図画を偽造し、若しくは変造し、又は虚偽の記載をした者と同一の刑に処する。

② 前項の罪の未遂は、罰する。

（電磁的記録不正作出及び供用）

第161条の2 人の事務処理を誤らせる目的で、その事務処理の用に供する権利、義務又は事実証明に関する電磁的記録を不正に作った者は、五年以下の拘禁刑又は五十万円以下の罰金に処する。

② 前項の罪が公務所又は公務員により作られるべき電磁的記録に係るときは、十年以下の拘禁刑又は百万円以下の罰金に処する。

③ 不正に作られた権利、義務又は事実証明に関する電磁的記録を、第1項の目的で、人の事務処理の用に供した者は、その電磁的記録を不正に作った者と同一の刑に処する。

④ 前項の罪の未遂は、罰する。

第十八章　有価証券偽造の罪

（有価証券偽造等）

第１６２条　行使の目的で、公債証書、官庁の証券、会社の株券その他の有価証券を偽造し、又は変造した者は、三月以上十年以下の拘禁刑に処する。

②　行使の目的で、有価証券に虚偽の記入をした者も、前項と同様とする。

（偽造有価証券行使等）

第１６３条　偽造若しくは変造の有価証券又は虚偽の記入がある有価証券を行使し、又は行使の目的で人に交付し、若しくは輸入した者は、三月以上十年以下の拘禁刑に処する。

②　前項の罪の未遂は、罰する。

第十八章の二　支払用カード　電磁的記録に関する罪

（支払用カード電磁的記録不正作出等）

第１６３条の２　人の財産上の事務処理を誤らせる目的で、その事務処理の用に供する電磁的記録であって、クレジットカードその他の代金又は料金の支払用のカードを構成するものを不正に作った者は、十年以下の拘禁刑又は百万円以下の罰金に処する。預貯金の引出用のカードを構成する電磁的記録を不正に作った者も、同様とする。

②　不正に作られた前項の電磁的記録を、同項の目的で、人の財産上の事務処理の用に供した者も、同項と同様とする。

③　不正に作られた第１項の電磁的記録をその構成部分とするカードを、同項の目的で、譲り渡し、貸し渡し、又は輸入した者も、同項と同様とする。

（不正電磁的記録カード所持）

第１６３条の３　前条第１項の目的で、同条第 ↗

3項のカードを所持した者は、五年以下の拘禁刑又は五十万円以下の罰金に処する。

（支払用カード電磁的記録不正作出準備）

第１６３条の４　第１６３条の２第１項の犯罪行為の用に供する目的で、同項の電磁的記録の情報を取得した者は、三年以下の拘禁刑又は五十万円以下の罰金に処する。情を知って、その情報を提供した者も、同様とする。

②　不正に取得された第１６３条の２第１項の電磁的記録の情報を、前項の目的で保管した者も、同項と同様とする。

③　第１項の目的で、器械又は原料を準備した者も、同項と同様とする。

（未遂罪）

第１６３条の５　第１６３条の２及び前条第１項の罪の未遂は、罰する。

第十九章　印章偽造の罪

（御璽偽造及び不正使用等）

第１６４条　行使の目的で、御璽、国璽又は御名を偽造した者は、二年以上の有期拘禁刑に処する。

②　御璽、国璽若しくは御名を不正に使用し、又は偽造した御璽、国璽若しくは御名を使用した者も、前項と同様とする。

（公印偽造及び不正使用等）

第１６５条　行使の目的で、公務所又は公務員の印章又は署名を偽造した者は、三月以上五年以下の拘禁刑に処する。

②　公務所若しくは公務員の印章若しくは署名を不正に使用し、又は偽造した公務所若しくは公務員の印章若しくは署名を使用した者も、前項と同様とする。

（公記号偽造及び不正使用等）

第166条 行使の目的で、公務所の記号を偽造した者は、三年以下の拘禁刑に処する。

② 公務所の記号を不正に使用し、又は偽造した公務所の記号を使用した者も、前項と同様とする。

（私印偽造及び不正使用等）

第167条 行使の目的で、他人の印章又は署名を偽造した者は、三年以下の拘禁刑に処する。

② 他人の印章若しくは署名を不正に使用し、又は偽造した印章若しくは署名を使用した者も、前項と同様とする。

（未遂罪）

第168条 第164条第2項、第165条第2項、第166条第2項及び前条第2項の罪の未遂は、罰する。

第十九章の二　不正指令
電磁的記録に関する罪

（不正指令電磁的記録作成等）

第168条の2 正当な理由がないのに、人の電子計算機における実行の用に供する目的で、次に掲げる電磁的記録その他の記録を作成し、又は提供した者は、三年以下の拘禁刑又は五十万円以下の罰金に処する。

一　人が電子計算機を使用するに際してその意図に沿うべき動作をさせず、又はその意図に反する動作をさせるべき不正な指令を与える電磁的記録

二　前号に掲げるもののほか、同号の不正な指令を記述した電磁的記録その他の記録

② 正当な理由がないのに、前項第一号に掲げる電磁的記録を人の電子計算機における実行の用に供した者も、同項と同様とする。

③ 前項の罪の未遂は、罰する。

（不正指令電磁的記録取得等）

第168条の3 正当な理由がないのに、前条第1項の目的で、同項各号に掲げる電磁的記録その他の記録を取得し、又は保管した者は、二年以下の拘禁刑又は三十万円以下の罰金に処する。

第二十章　偽証の罪

（偽証）

第169条 法律により宣誓した証人が虚偽の陳述をしたときは、三月以上十年以下の拘禁刑に処する。

（自白による刑の減免）

第170条 前条の罪を犯した者が、その証言をした事件について、その裁判が確定する前又は懲戒処分が行われる前に自白したときは、その刑を減軽し、又は免除することができる。

（虚偽鑑定等）

第171条 法律により宣誓した鑑定人、通訳人又は翻訳人が虚偽の鑑定、通訳又は翻訳をしたときは、前2条の例による。

第二十一章　虚偽告訴の罪

（虚偽告訴等）

第172条 人に刑事又は懲戒の処分を受けさせる目的で、虚偽の告訴、告発その他の申告をした者は、三月以上十年以下の拘禁刑に処する。

（自白による刑の減免）

第173条 前条の罪を犯した者が、その申告をした事件について、その裁判が確定する前又は懲戒処分が行われる前に自白したときは、その刑を減軽し、又は免除することができる。

第二十二章　わいせつ、強制性交等
及び重婚の罪

（公然わいせつ）
第174条　公然とわいせつな行為をした者
は、六月以下の拘禁刑若しくは三十万円以下の
罰金又は拘留若しくは科料に処する。

（わいせつ物頒布等）
第175条　わいせつな文書、図画、電磁的記
録に係る記録媒体その他の物を頒布し、又は公
然と陳列した者は、二年以下の拘禁刑若しくは
二百五十万円以下の罰金若しくは科料に処し、
又は拘禁刑及び罰金を併科する。電気通信の送
信によりわいせつな電磁的記録その他の記録を
頒布した者も、同様とする。
②　有償で頒布する目的で、前項の物を所持し、
又は同項の電磁的記録を保管した者も、同項と
同様とする。

（強制わいせつ）
第176条　十三歳以上の者に対し、暴行又は
脅迫を用いてわいせつな行為をした者は、六月以
上十年以下の拘禁刑に処する。十三歳未満の者に
対し、わいせつな行為をした者も、同様とする。

（強制性交等）
第177条　十三歳以上の者に対し、暴行又は
脅迫を用いて性交、肛門性交又は口腔性交（以
下「性交等」という。）をした者は、強制性交等
の罪とし、五年以上の有期拘禁刑に処する。十
三歳未満の者に対し、性交等をした者も、同様
とする。

（準強制わいせつ及び準強制性交等）
第178条　人の心神喪失若しくは抗拒不能
に乗じ、又は心神を喪失させ、若しくは抗拒不
能にさせて、わいせつな行為をした者は、第1
76条の例による。

②　人の心神喪失若しくは抗拒不能に乗じ、又
は心神を喪失させ、若しくは抗拒不能にさせて、
性交等をした者は、前条の例による。

（監護者わいせつ及び監護者性交等）
第179条　十八歳未満の者に対し、その者を
現に監護する者であることによる影響力がある
ことに乗じてわいせつな行為をした者は、第1
76条の例による。
②　十八歳未満の者に対し、その者を現に監護
する者であることによる影響力があることに乗
じて性交等をした者は、第177条の例による。

（未遂罪）
第180条　第176条から前条までの罪の
未遂は、罰する。

（強制わいせつ等致死傷）
第181条　第176条、第178条第1項若
しくは第179条第1項の罪又はこれらの罪の
未遂罪を犯し、よって人を死傷させた者は、無
期又は三年以上の拘禁刑に処する。
②　第177条、第178条第2項若しくは第
179条第2項の罪又はこれらの罪の未遂罪を
犯し、よって人を死傷させた者は、無期又は六
年以上の拘禁刑に処する。

（淫行勧誘）
第182条　営利の目的で、淫行の常習のない
女子を勧誘して姦淫させた者は、三年以下の拘
禁刑又は三十万円以下の罰金に処する。

第183条　削除

（重婚）
第184条　配偶者のある者が重ねて婚姻を
したときは、二年以下の拘禁刑に処する。その
相手方となって婚姻をした者も、同様とする。

第二十三章　賭博及び
富くじに関する罪
（賭博）

第185条　賭博をした者は、五十万円以下の罰金又は科料に処する。ただし、一時の娯楽に供する物を賭けたにとどまるときは、この限りでない。

（常習賭博及び賭博場開張等図利）

第186条　常習として賭博をした者は、三年以下の拘禁刑に処する。

②　賭博場を開張し、又は博徒を結合して利益を図った者は、三月以上五年以下の拘禁刑に処する。

（富くじ発売等）

第187条　富くじを発売した者は、二年以下の拘禁刑又は百五十万円以下の罰金に処する。

②　富くじ発売の取次ぎをした者は、一年以下の拘禁刑又は百万円以下の罰金に処する。

③　前2項に規定するもののほか、富くじを授受した者は、二十万円以下の罰金又は科料に処する。

第二十四章　礼拝所及び
墳墓に関する罪
（礼拝所不敬及び説教等妨害）

第188条　神祠、仏堂、墓所その他の礼拝所に対し、公然と不敬な行為をした者は、六月以下の拘禁刑又は十万円以下の罰金に処する。

②　説教、礼拝又は葬式を妨害した者は、一年以下の拘禁刑又は十万円以下の罰金に処する。

（墳墓発掘）

第189条　墳墓を発掘した者は、二年以下の拘禁刑に処する。

（死体損壊等）

第190条　死体、遺骨、遺髪又は棺に納めてある物を損壊し、遺棄し、又は領得した者は、三年以下の拘禁刑に処する。

（墳墓発掘死体損壊等）

第191条　第189条の罪を犯して、死体、遺骨、遺髪又は棺に納めてある物を損壊し、遺棄し、又は領得した者は、三月以上五年以下の拘禁刑に処する。

（変死者密葬）

第192条　検視を経ないで変死者を葬った者は、十万円以下の罰金又は科料に処する。

第二十五章　汚職の罪
（公務員職権濫用）

第193条　公務員がその職権を濫用して、人に義務のないことを行わせ、又は権利の行使を妨害したときは、二年以下の拘禁刑に処する。

（特別公務員職権濫用）

第194条　裁判、検察若しくは警察の職務を行う者又はこれらの職務を補助する者がその職権を濫用して、人を逮捕し、又は監禁したときは、六月以上十年以下の拘禁刑に処する。

（特別公務員暴行陵虐）

第195条　裁判、検察若しくは警察の職務を行う者又はこれらの職務を補助する者が、その職務を行うに当たり、被告人、被疑者その他の者に対して暴行又は陵辱若しくは加虐の行為をしたときは、七年以下の拘禁刑に処する。

②　法令により拘禁された者を看守し又は護送する者がその拘禁された者に対して暴行又は陵辱若しくは加虐の行為をしたときも、前項と同様とする。

（特別公務員職権濫用等致死傷）

第196条 前2条の罪を犯し、よって人を死傷させた者は、傷害の罪と比較して、重い刑により処断する。

（収賄、受託収賄及び事前収賄）

第197条 公務員が、その職務に関し、賄賂を収受し、又はその要求若しくは約束をしたときは、五年以下の拘禁刑に処する。この場合において、請託を受けたときは、七年以下の拘禁刑に処する。

② 公務員になろうとする者が、その担当すべき職務に関し、請託を受けて、賄賂を収受し、又はその要求若しくは約束をしたときは、公務員となった場合において、五年以下の拘禁刑に処する。

（第三者供賄）

第197条の2 公務員が、その職務に関し、請託を受けて、第三者に賄賂を供与させ、又はその供与の要求若しくは約束をしたときは、五年以下の拘禁刑に処する。

（加重収賄及び事後収賄）

第197条の3 公務員が前2条の罪を犯し、よって不正な行為をし、又は相当の行為をしなかったときは、一年以上の有期拘禁刑に処する。

② 公務員が、その職務上不正な行為をしたこと又は相当の行為をしなかったことに関し、賄賂を収受し、若しくはその要求若しくは約束をし、又は第三者にこれを供与させ、若しくはその供与の要求若しくは約束をしたときも、前項と同様とする。

③ 公務員であった者が、その在職中に請託を受けて職務上不正な行為をしたこと又は相当の行為をしなかったことに関し、賄賂を収受し、又はその要求若しくは約束をしたときは、五年以下の拘禁刑に処する。

（あっせん収賄）

第197条の4 公務員が請託を受け、他の公務員に職務上不正な行為をさせるように、又は相当の行為をさせないようにあっせんをすること又はしたことの報酬として、賄賂を収受し、又はその要求若しくは約束をしたときは、五年以下の拘禁刑に処する。

（没収及び追徴）

第197条の5 犯人又は情を知った第三者が収受した賄賂は、没収する。その全部又は一部を没収することができないときは、その価額を追徴する。

（贈賄）

第198条 第197条から第197条の4までに規定する賄賂を供与し、又はその申込み若しくは約束をした者は、三年以下の拘禁刑又は二百五十万円以下の罰金に処する。

第二十六章 殺人の罪

（殺人）

第199条 人を殺した者は、死刑又は無期若しくは五年以上の拘禁刑に処する。

第200条 削除

（予備）

第201条 第199条の罪を犯す目的で、その予備をした者は、二年以下の拘禁刑に処する。ただし、情状により、その刑を免除することができる。

（自殺関与及び同意殺人）

第202条 人を教唆し若しくは幇助して自殺させ、又は人をその嘱託を受け若しくはその承諾を得て殺した者は、六月以上七年以下の拘禁刑に処する。

（未遂罪）

第２０３条 第１９９条及び前条の罪の未遂は、罰する。

第二十七章　傷害の罪

（傷害）

第２０４条 人の身体を傷害した者は、十五年以下の拘禁刑又は五十万円以下の罰金に処する。

（傷害致死）

第２０５条 身体を傷害し、よって人を死亡させた者は、三年以上の有期拘禁刑に処する。

（現場助勢）

第２０６条 前２条の犯罪が行われるに当たり、現場において勢いを助けた者は、自ら人を傷害しなくても、一年以下の拘禁刑又は十万円以下の罰金若しくは科料に処する。

（同時傷害の特例）

第２０７条 二人以上で暴行を加えて人を傷害した場合において、それぞれの暴行による傷害の軽重を知ることができず、又はその傷害を生じさせた者を知ることができないときは、共同して実行した者でなくても、共犯の例による。

（暴行）

第２０８条 暴行を加えた者が人を傷害するに至らなかったときは、二年以下の拘禁刑若しくは三十万円以下の罰金又は拘留若しくは科料に処する。

（凶器準備集合及び結集）

第２０８条の２ 二人以上の者が他人の生命、身体又は財産に対し共同して害を加える目的で集合した場合において、凶器を準備して又はその準備があることを知って集合した者は、二年➶

以下の拘禁刑又は三十万円以下の罰金に処する。

② 前項の場合において、凶器を準備して又はその準備があることを知って人を集合させた者は、三年以下の拘禁刑に処する。

第二十八章　過失傷害の罪

（過失傷害）

第２０９条 過失により人を傷害した者は、三十万円以下の罰金又は科料に処する。

② 前項の罪は、告訴がなければ公訴を提起することができない。

（過失致死）

第２１０条 過失により人を死亡させた者は、五十万円以下の罰金に処する。

（業務上過失致死傷等）

第２１１条 業務上必要な注意を怠り、よって人を死傷させた者は、五年以下の拘禁刑又は百万円以下の罰金に処する。重大な過失により人を死傷させた者も、同様とする。

第二十九章　堕胎の罪

（堕胎）

第２１２条 妊娠中の女子が薬物を用い、又はその他の方法により、堕胎したときは、一年以下の拘禁刑に処する。

（同意堕胎及び同致死傷）

第２１３条 女子の嘱託を受け、又はその承諾を得て堕胎させた者は、二年以下の拘禁刑に処する。よって女子を死傷させた者は、三月以上五年以下の拘禁刑に処する。

（業務上堕胎及び同致死傷）

第２１４条 医師、助産師、薬剤師又は医薬品販売業者が女子の嘱託を受け、又はその承諾を➶

得て堕胎させたときは、三月以上五年以下の拘
禁刑に処する。よって女子を死傷させたときは、
六月以上七年以下の拘禁刑に処する。

（不同意堕胎）
第215条 女子の嘱託を受けないで、又はそ
の承諾を得ないで堕胎させた者は、六月以上七
年以下の拘禁刑に処する。
② 前項の罪の未遂は、罰する。

（不同意堕胎致死傷）
第216条 前条の罪を犯し、よって女子を死
傷させた者は、傷害の罪と比較して、重い刑に
より処断する。

第三十章 遺棄の罪
（遺棄）
第217条 老年、幼年、身体障害又は疾病の
ために扶助を必要とする者を遺棄した者は、一
年以下の拘禁刑に処する。

（保護責任者遺棄等）
第218条 老年者、幼年者、身体障害者又は
病者を保護する責任のある者がこれらの者を遺
棄し、又はその生存に必要な保護をしなかった
ときは、三月以上五年以下の拘禁刑に処する。

（遺棄等致死傷）
第219条 前2条の罪を犯し、よって人を死
傷させた者は、傷害の罪と比較して、重い刑に
より処断する。

第三十一章 逮捕及び監禁の罪
（逮捕及び監禁）
第220条 不法に人を逮捕し、又は監禁した
者は、三月以上七年以下の拘禁刑に処する。

（逮捕等致死傷）
第221条 前条の罪を犯し、よって人を死傷
させた者は、傷害の罪と比較して、重い刑によ
り処断する。

第三十二章 脅迫の罪
（脅迫）
第222条 生命、身体、自由、名誉又は財産
に対し害を加える旨を告知して人を脅迫した者
は、二年以下の拘禁刑又は三十万円以下の罰金
に処する。
② 親族の生命、身体、自由、名誉又は財産に
対し害を加える旨を告知して人を脅迫した者も、
前項と同様とする。

（強要）
第223条 生命、身体、自由、名誉若しくは
財産に対し害を加える旨を告知して脅迫し、又
は暴行を用いて、人に義務のないことを行わせ、
又は権利の行使を妨害した者は、三年以下の拘
禁刑に処する。
② 親族の生命、身体、自由、名誉又は財産に
対し害を加える旨を告知して脅迫し、人に義務
のないことを行わせ、又は権利の行使を妨害し
た者も、前項と同様とする。
③ 前2項の罪の未遂は、罰する。

第三十三章 略取、誘拐及び 人身売買の罪
（未成年者略取及び誘拐）
第224条 未成年者を略取し、又は誘拐した
者は、三月以上七年以下の拘禁刑に処する。

（営利目的等略取及び誘拐）
第225条 営利、わいせつ、結婚又は生命若
しくは身体に対する加害の目的で、人を略取し、
又は誘拐した者は、一年以上十年以下の拘禁刑
に処する。

（身の代金目的略取等）

第225条の2 近親者その他略取され又は誘拐された者の安否を憂慮する者の憂慮に乗じてその財物を交付させる目的で、人を略取し、又は誘拐した者は、無期又は三年以上の拘禁刑に処する。

② 人を略取し又は誘拐した者が近親者その他略取され又は誘拐された者の安否を憂慮する者の憂慮に乗じて、その財物を交付させ、又はこれを要求する行為をしたときも、前項と同様とする。

（所在国外移送目的略取及び誘拐）

第226条 所在国外に移送する目的で、人を略取し、又は誘拐した者は、二年以上の有期拘禁刑に処する。

（人身売買）

第226条の2 人を買い受けた者は、三月以上五年以下の拘禁刑に処する。

② 未成年者を買い受けた者は、三月以上七年以下の拘禁刑に処する。

③ 営利、わいせつ、結婚又は生命若しくは身体に対する加害の目的で、人を買い受けた者は、一年以上十年以下の拘禁刑に処する。

④ 人を売り渡した者も、前項と同様とする。

⑤ 所在国外に移送する目的で、人を売買した者は、二年以上の有期拘禁刑に処する。

（被略取者等所在国外移送）

第226条の3 略取され、誘拐され、又は売買された者を所在国外に移送した者は、二年以上の有期拘禁刑に処する。

（被略取者引渡し等）

第227条 第224条、第225条又は前3条の罪を犯した者を幇助する目的で、略取され、誘拐され、又は売買された者を引き渡し、収受し、輸送し、蔵匿し、又は隠避させた者は、三月以上五年以下の拘禁刑に処する。

② 第225条の2第1項の罪を犯した者を幇助する目的で、略取され又は誘拐された者を引き渡し、収受し、輸送し、蔵匿し、又は隠避させた者は、一年以上十年以下の拘禁刑に処する。

③ 営利、わいせつ又は生命若しくは身体に対する加害の目的で、略取され、誘拐され、又は売買された者を引き渡し、収受し、輸送し、又は蔵匿した者は、六月以上七年以下の拘禁刑に処する。

④ 第225条の2第1項の目的で、略取され又は誘拐された者を収受した者は、二年以上の有期拘禁刑に処する。略取され又は誘拐された者を収受した者が近親者その他略取され又は誘拐された者の安否を憂慮する者の憂慮に乗じて、その財物を交付させ、又はこれを要求する行為をしたときも、同様とする。

（未遂罪）

第228条 第224条、第225条、第225条の2第1項、第226条から第226条の3まで並びに前条第1項から第3項まで及び第4項前段の罪の未遂は、罰する。

（解放による刑の減軽）

第228条の2 第225条の2又は第227条第2項若しくは第4項の罪を犯した者が、公訴が提起される前に、略取され又は誘拐された者を安全な場所に解放したときは、その刑を減軽する。

（身の代金目的略取等予備）

第228条の3 第225条の2第1項の罪を犯す目的で、その予備をした者は、二年以下の拘禁刑に処する。ただし、実行に着手する前に自首した者は、その刑を減軽し、又は免除する。

（親告罪）

第229条　第224条の罪及び同条の罪を幇助する目的で犯した第227条第1項の罪並びにこれらの罪の未遂罪は、告訴がなければ公訴を提起することができない。

第三十四章　名誉に対する罪

（名誉毀損）

第230条　公然と事実を摘示し、人の名誉を毀損した者は、その事実の有無にかかわらず、三年以下の拘禁刑又は五十万円以下の罰金に処する。

②　死者の名誉を毀損した者は、虚偽の事実を摘示することによってした場合でなければ、罰しない。

（公共の利害に関する場合の特例）

第230条の2　前条第1項の行為が公共の利害に関する事実に係り、かつ、その目的が専ら公益を図ることにあったと認める場合には、事実の真否を判断し、真実であることの証明があったときは、これを罰しない。

②　前項の規定の適用については、公訴が提起されるに至っていない人の犯罪行為に関する事実は、公共の利害に関する事実とみなす。

③　前条第1項の行為が公務員又は公選による公務員の候補者に関する事実に係る場合には、事実の真否を判断し、真実であることの証明があったときは、これを罰しない。

（侮辱）

第231条　事実を摘示しなくても、公然と人を侮辱した者は、一年以下の拘禁刑若しくは三十万円以下の罰金又は拘留若しくは科料に処する。

（親告罪）

第232条　この章の罪は、告訴がなければ↴

公訴を提起することができない。

②　告訴をすることができる者が天皇、皇后、太皇太后、皇太后又は皇嗣であるときは内閣総理大臣が、外国の君主又は大統領であるときはその国の代表者がそれぞれ代わって告訴を行う。

第三十五章　信用及び業務に対する罪

（信用毀損及び業務妨害）

第233条　虚偽の風説を流布し、又は偽計を用いて、人の信用を毀損し、又はその業務を妨害した者は、三年以下の拘禁刑又は五十万円以下の罰金に処する。

（威力業務妨害）

第234条　威力を用いて人の業務を妨害した者も、前条の例による。

（電子計算機損壊等業務妨害）

第234条の2　人の業務に使用する電子計算機若しくはその用に供する電磁的記録を損壊し、若しくは人の業務に使用する電子計算機に虚偽の情報若しくは不正な指令を与え、又はその他の方法により、電子計算機に使用目的に沿うべき動作をさせず、又は使用目的に反する動作をさせて、人の業務を妨害した者は、五年以下の拘禁刑又は百万円以下の罰金に処する。

②　前項の罪の未遂は、罰する。

第三十六章　窃盗及び強盗の罪

（窃盗）

第235条　他人の財物を窃取した者は、窃盗の罪とし、十年以下の拘禁刑又は五十万円以下の罰金に処する。

（不動産侵奪）

第235条の2　他人の不動産を侵奪した者は、十年以下の拘禁刑に処する。

（強盗）

第２３６条 暴行又は脅迫を用いて他人の財物を強取した者は、強盗の罪とし、五年以上の有期拘禁刑に処する。

② 前項の方法により、財産上不法の利益を得、又は他人にこれを得させた者も、同項と同様とする。

（強盗予備）

第２３７条 強盗の罪を犯す目的で、その予備をした者は、二年以下の拘禁刑に処する。

（事後強盗）

第２３８条 窃盗が、財物を得てこれを取り返されることを防ぎ、逮捕を免れ、又は罪跡を隠滅するために、暴行又は脅迫をしたときは、強盗として論ずる。

（昏酔強盗）

第２３９条 人を昏酔させてその財物を盗取した者は、強盗として論ずる。

（強盗致死傷）

第２４０条 強盗が、人を負傷させたときは無期又は六年以上の拘禁刑に処し、死亡させたときは死刑又は無期拘禁刑に処する。

（強盗・強制性交等及び同致死）

第２４１条 強盗の罪若しくはその未遂罪を犯した者が強制性交等の罪（第１７９条第２項の罪を除く。以下この項において同じ。）若しくはその未遂罪をも犯したとき、又は強制性交等の罪若しくはその未遂罪を犯した者が強盗の罪若しくはその未遂罪をも犯したときは、無期又は七年以上の拘禁刑に処する。

② 前項の場合のうち、その犯した罪がいずれも未遂罪であるときは、人を死傷させたときを除き、その刑を減軽することができる。ただし、✦

自己の意思によりいずれかの犯罪を中止したときは、その刑を減軽し、又は免除する。

③ 第１項の罪に当たる行為により人を死亡させた者は、死刑又は無期拘禁刑に処する。

（他人の占有等に係る自己の財物）

第２４２条 自己の財物であっても、他人が占有し、又は公務所の命令により他人が看守するものであるときは、この章の罪については、他人の財物とみなす。

（未遂罪）

第２４３条 第２３５条から第２３６条まで、第２３８条から第２４０条まで及び第２４１条第３項の罪の未遂は、罰する。

（親族間の犯罪に関する特例）

第２４４条 配偶者、直系血族又は同居の親族との間で第２３５条の罪、第２３５条の２の罪又はこれらの罪の未遂罪を犯した者は、その刑を免除する。

② 前項に規定する親族以外の親族との間で犯した同項に規定する罪は、告訴がなければ公訴を提起することができない。

③ 前２項の規定は、親族でない共犯については、適用しない。

（電気）

第２４５条 この章の罪については、電気は、財物とみなす。

第三十七章　詐欺及び恐喝の罪
（詐欺）

第２４６条 人を欺いて財物を交付させた者は、十年以下の拘禁刑に処する。

② 前項の方法により、財産上不法の利益を得、又は他人にこれを得させた者も、同項と同様とする。

（電子計算機使用詐欺）

第246条の2 前条に規定するもののほか、人の事務処理に使用する電子計算機に虚偽の情報若しくは不正な指令を与えて財産権の得喪若しくは変更に係る不実の電磁的記録を作り、又は財産権の得喪若しくは変更に係る虚偽の電磁的記録を人の事務処理の用に供して、財産上不法の利益を得、又は他人にこれを得させた者は、十年以下の拘禁刑に処する。

（背任）

第247条 他人のためにその事務を処理する者が、自己若しくは第三者の利益を図り又は本人に損害を加える目的で、その任務に背く行為をし、本人に財産上の損害を加えたときは、五年以下の拘禁刑又は五十万円以下の罰金に処する。

（準詐欺）

第248条 未成年者の知慮浅薄又は人の心神耗弱に乗じて、その財物を交付させ、又は財産上不法の利益を得、若しくは他人にこれを得させた者は、十年以下の拘禁刑に処する。

（恐喝）

第249条 人を恐喝して財物を交付させた者は、十年以下の拘禁刑に処する。

② 前項の方法により、財産上不法の利益を得、又は他人にこれを得させた者も、同項と同様とする。

（未遂罪）

第250条 この章の罪の未遂は、罰する。

（準用）

第251条 第242条、第244条及び第245条の規定は、この章の罪について準用する。

第三十八章　横領の罪

（横領）

第252条 自己の占有する他人の物を横領した者は、五年以下の拘禁刑に処する。

② 自己の物であっても、公務所から保管を命ぜられた場合において、これを横領した者も、前項と同様とする。

（業務上横領）

第253条 業務上自己の占有する他人の物を横領した者は、十年以下の拘禁刑に処する。

（遺失物等横領）

第254条 遺失物、漂流物その他占有を離れた他人の物を横領した者は、一年以下の拘禁刑又は十万円以下の罰金若しくは科料に処する。

（準用）

第255条 第244条の規定は、この章の罪について準用する。

第三十九章　盗品等に関する罪

（盗品譲受け等）

第256条 盗品その他財産に対する罪に当たる行為によって領得された物を無償で譲り受けた者は、三年以下の拘禁刑に処する。

② 前項に規定する物を運搬し、保管し、若しくは有償で譲り受け、又はその有償の処分のあっせんをした者は、十年以下の拘禁刑及び五十万円以下の罰金に処する。

（親族等の間の犯罪に関する特例）

第257条 配偶者との間又は直系血族、同居の親族若しくはこれらの者の配偶者との間で前条の罪を犯した者は、その刑を免除する。

② 前項の規定は、親族でない共犯については、適用しない。

第四十章　毀棄及び隠匿の罪

（公用文書等毀棄）

第258条　公務所の用に供する文書又は電磁的記録を毀棄した者は、三月以上七年以下の拘禁刑に処する。

（私用文書等毀棄）

第259条　権利又は義務に関する他人の文書又は電磁的記録を毀棄した者は、五年以下の拘禁刑に処する。

（建造物等損壊及び同致死傷）

第260条　他人の建造物又は艦船を損壊した者は、五年以下の拘禁刑に処する。よって人を死傷させた者は、傷害の罪と比較して、重い刑により処断する。

（器物損壊等）

第261条　前3条に規定するもののほか、他人の物を損壊し、又は傷害した者は、三年以下の拘禁刑又は三十万円以下の罰金若しくは科料に処する。

（自己の物の損壊等）

第262条　自己の物であっても、差押えを受け、物権を負担し、賃貸し、又は配偶者居住権が設定されたものを損壊し、又は傷害したときは、前3条の例による。

（境界損壊）

第262条の2　境界標を損壊し、移動し、若しくは除去し、又はその他の方法により、土地の境界を認識することができないようにした者は、五年以下の拘禁刑又は五十万円以下の罰金に処する。

（信書隠匿）

第263条　他人の信書を隠匿した者は、六月 ➷

以下の拘禁刑又は十万円以下の罰金若しくは科料に処する。

（親告罪）

第264条　第259条、第261条及び前条の罪は、告訴がなければ公訴を提起することができない。

（以上で刑法終わり）

自動車運転死傷行為処罰法

【自動車の運転により人を死傷させる行為等の処罰に関する法律】

（平成二十五年法律第八十六号）

（定義）

第1条　省略

（危険運転致死傷）

第2条　次に掲げる行為を行い、よって、人を負傷させた者は十五年以下の拘禁刑に処し、人を死亡させた者は一年以上の有期拘禁刑に処する。

一　アルコール又は薬物の影響により正常な運転が困難な状態で自動車を走行させる行為

二　その進行を制御することが困難な高速度で自動車を走行させる行為

三　その進行を制御する技能を有しないで自動車を走行させる行為

四　人又は車の通行を妨害する目的で、走行中の自動車の直前に進入し、その他通行中の人又は車に著しく接近し、かつ、重大な交通の危険を生じさせる速度で自動車を運転する行為

五　車の通行を妨害する目的で、走行中の車（重大な交通の危険が生じることとなる速度で走行中のものに限る。）の前方で停止し、その他これに著しく接近することとなる方法で自動 ➷

車を運転する行為

六　高速自動車国道（高速自動車国道法（昭和三十二年法律第七十九号）第４条第１項に規定する道路をいう。）又は自動車専用道路（道路法（昭和二十七年法律第百八十号）第４８条の４に規定する自動車専用道路をいう。）において、自動車の通行を妨害する目的で、走行中の自動車の前方で停止し、その他これに著しく接近することとなる方法で自動車を運転することにより、走行中の自動車に停止又は徐行（自動車が直ちに停止することができるような速度で進行することをいう。）をさせる行為

七　赤色信号又はこれに相当する信号を殊更に無視し、かつ、重大な交通の危険を生じさせる速度で自動車を運転する行為

八　通行禁止道路（道路標識若しくは道路標示により、又はその他法令の規定により自動車の通行が禁止されている道路又はその部分であって、これを通行することが人又は車に交通の危険を生じさせるものとして政令で定めるものをいう。）を進行し、かつ、重大な交通の危険を生じさせる速度で自動車を運転する行為

第３条　アルコール又は薬物の影響により、その走行中に正常な運転に支障が生じるおそれがある状態で、自動車を運転し、よって、そのアルコール又は薬物の影響により正常な運転が困難な状態に陥り、人を負傷させた者は十二年以下の拘禁刑に処し、人を死亡させた者は十五年以下の拘禁刑に処する。

②　自動車の運転に支障を及ぼすおそれがある病気として政令で定めるものの影響により、その走行中に正常な運転に支障が生じるおそれがある状態で、自動車を運転し、よって、その病気の影響により正常な運転が困難な状態に陥り、人を死傷させた者も、前項と同様とする。

（過失運転致死傷アルコール等影響発覚免脱）
第４条　アルコール又は薬物の影響によりその走行中に正常な運転に支障が生じるおそれがある状態で自動車を運転した者が、運転上必要な注意を怠り、よって人を死傷させた場合において、その運転の時のアルコール又は薬物の影響の有無又は程度が発覚することを免れる目的で、更にアルコール又は薬物を摂取すること、その場を離れて身体に保有するアルコール又は薬物の濃度を減少させることその他その影響の有無又は程度が発覚することを免れるべき行為をしたときは、十二年以下の拘禁刑に処する。

（過失運転致死傷）
第５条　自動車の運転上必要な注意を怠り、よって人を死傷させた者は、七年以下の拘禁刑又は百万円以下の罰金に処する。ただし、その傷害が軽いときは、情状により、その刑を免除することができる。

（無免許運転による加重）
第６条　第２条（第三号を除く。）の罪を犯した者（人を負傷させた者に限る。）が、その罪を犯した時に無免許運転をしたものであるときは、六月以上の有期拘禁刑に処する。

②　第３条の罪を犯した者が、その罪を犯した時に無免許運転をしたものであるときは、人を負傷させた者は十五年以下の拘禁刑に処し、人を死亡させた者は六月以上の有期拘禁刑に処する。

③　第４条の罪を犯した者が、その罪を犯した時に無免許運転をしたものであるときは、十五年以下の拘禁刑に処する。

④　前条の罪を犯した者が、その罪を犯した時に無免許運転をしたものであるときは、十年以下の拘禁刑に処する。

（以上で自動車運転死傷行為処罰法終わり）

日本国憲法

（昭和二十一年憲法）

前文

　日本国民は、正当に選挙された国会における代表者を通じて行動し、われらとわれらの子孫のために、諸国民との協和による成果と、わが国全土にわたつて自由のもたらす恵沢を確保し、政府の行為によつて再び戦争の惨禍が起ることのないやうにすることを決意し、ここに主権が国民に存することを宣言し、この憲法を確定する。そもそも国政は、国民の厳粛な信託によるものであつて、その権威は国民に由来し、その権力は国民の代表者がこれを行使し、その福利は国民がこれを享受する。これは人類普遍の原理であり、この憲法は、かかる原理に基くものである。われらは、これに反する一切の憲法、法令及び詔勅を排除する。

　日本国民は、恒久の平和を念願し、人間相互の関係を支配する崇高な理想を深く自覚するのであつて、平和を愛する諸国民の公正と信義に信頼して、われらの安全と生存を保持しようと決意した。われらは、平和を維持し、専制と隷従、圧迫と偏狭を地上から永遠に除去しようと努めてゐる国際社会において、名誉ある地位を占めたいと思ふ。われらは、全世界の国民が、ひとしく恐怖と欠乏から免かれ、平和のうちに生存する権利を有することを確認する。

　われらは、いづれの国家も、自国のことのみに専念して他国を無視してはならないのであつて、政治道徳の法則は、普遍的なものであり、この法則に従ふことは、自国の主権を維持し、他国と対等関係に立たうとする各国の責務であると信ずる。

　日本国民は、国家の名誉にかけ、全力をあげてこの崇高な理想と目的を達成することを誓ふ。

第一章　天皇

<u>第1条</u>　天皇は、日本国の象徴であり日本国民統合の象徴であつて、この地位は、主権の存する日本国民の総意に基く。

<u>第2条</u>　皇位は、世襲のものであつて、国会の議決した皇室典範の定めるところにより、これを継承する。

<u>第3条</u>　天皇の国事に関するすべての行為には、内閣の助言と承認を必要とし、内閣が、その責任を負ふ。

<u>第4条</u>　天皇は、この憲法の定める国事に関する行為のみを行ひ、国政に関する権能を有しない。

②　天皇は、法律の定めるところにより、その国事に関する行為を委任することができる。

<u>第5条</u>　皇室典範の定めるところにより摂政を置くときは、摂政は、天皇の名でその国事に関する行為を行ふ。この場合には、前条第1項の規定を準用する。

第6条　天皇は、国会の指名に基いて、内閣総理大臣を任命する。

② 天皇は、内閣の指名に基いて、最高裁判所の長たる裁判官を任命する。

第7条　天皇は、内閣の助言と承認により、国民のために、左の国事に関する行為を行ふ。

一　憲法改正、法律、政令及び条約を公布すること。

二　国会を召集すること。

三　衆議院を解散すること。

四　国会議員の総選挙の施行を公示すること。

五　国務大臣及び法律の定めるその他の官吏の任免並びに全権委任状及び大使及び公使の信任状を認証すること。

六　大赦、特赦、減刑、刑の執行の免除及び復権を認証すること。

七　栄典を授与すること。

八　批准書及び法律の定めるその他の外交文書を認証すること。

九　外国の大使及び公使を接受すること。

十　儀式を行ふこと。

第8条　皇室に財産を譲り渡し、又は皇室が、財産を譲り受け、若しくは賜与することは、国会の議決に基かなければならない。

第二章　戦争の放棄

第9条　日本国民は、正義と秩序を基調とする国際平和を誠実に希求し、国権の発動たる戦争と、武力による威嚇又は武力の行使は、国際紛争を解決する手段としては、永久にこれを放棄する。

② 前項の目的を達するため、陸海空軍その他の戦力は、これを保持しない。国の交戦権は、これを認めない。

第三章　国民の権利及び義務

第10条　日本国民たる要件は、法律でこれを定める。

第11条　国民は、すべての基本的人権の享有を妨げられない。この憲法が国民に保障する基本的人権は、侵すことのできない永久の権利として、現在及び将来の国民に与へられる。

第12条　この憲法が国民に保障する自由及び権利は、国民の不断の努力によつて、これを保持しなければならない。又、国民は、これを濫用してはならないのであつて、常に公共の福祉のためにこれを利用する責任を負ふ。

第13条　すべて国民は、個人として尊重される。生命、自由及び幸福追求に対する国民の権利については、公共の福祉に反しない限り、立法その他の国政の上で、最大の尊重を必要とする。

第14条　すべて国民は、法の下に平等であつて、人種、信条、性別、社会的身分又は門地により、政治的、経済的又は社会的関係において、差別されない。

② 華族その他の貴族の制度は、これを認めない。

③ 栄誉、勲章その他の栄典の授与は、いかなる特権も伴はない。栄典の授与は、現にこれを有し、又は将来これを受ける者の一代に限り、その効力を有する。

第15条　公務員を選定し、及びこれを罷免することは、国民固有の権利である。

② すべて公務員は、全体の奉仕者であつて、一部の奉仕者ではない。

③ 公務員の選挙については、成年者による✒

普通選挙を保障する。

④　すべて選挙における投票の秘密は、これを侵してはならない。選挙人は、その選択に関し公的にも私的にも責任を問はれない。

第１６条　何人も、損害の救済、公務員の罷免、法律、命令又は規則の制定、廃止又は改正その他の事項に関し、平穏に請願する権利を有し、何人も、かかる請願をしたためにいかなる差別待遇も受けない。

第１７条　何人も、公務員の不法行為により、損害を受けたときは、法律の定めるところにより、国又は公共団体に、その賠償を求めることができる。

第１８条　何人も、いかなる奴隷的拘束も受けない。又、犯罪に因る処罰の場合を除いては、その意に反する苦役に服させられない。

第１９条　思想及び良心の自由は、これを侵してはならない。

第２０条　信教の自由は、何人に対してもこれを保障する。いかなる宗教団体も、国から特権を受け、又は政治上の権力を行使してはならない。

②　何人も、宗教上の行為、祝典、儀式又は行事に参加することを強制されない。

③　国及びその機関は、宗教教育その他いかなる宗教的活動もしてはならない。

第２１条　集会、結社及び言論、出版その他一切の表現の自由は、これを保障する。

②　検閲は、これをしてはならない。通信の秘密は、これを侵してはならない。

第２２条　何人も、公共の福祉に反しない限り、居住、移転及び職業選択の自由を有する。

②　何人も、外国に移住し、又は国籍を離脱する自由を侵されない。

第２３条　学問の自由は、これを保障する。

第２４条　婚姻は、両性の合意のみに基いて成立し、夫婦が同等の権利を有することを基本として、相互の協力により、維持されなければならない。

②　配偶者の選択、財産権、相続、住居の選定、離婚並びに婚姻及び家族に関するその他の事項に関しては、法律は、個人の尊厳と両性の本質的平等に立脚して、制定されなければならない。

第２５条　すべて国民は、健康で文化的な最低限度の生活を営む権利を有する。

②　国は、すべての生活部面について、社会福祉、社会保障及び公衆衛生の向上及び増進に努めなければならない。

第２６条　すべて国民は、法律の定めるところにより、その能力に応じて、ひとしく教育を受ける権利を有する。

②　すべて国民は、法律の定めるところにより、その保護する子女に普通教育を受けさせる義務を負ふ。義務教育は、これを無償とする。

第２７条　すべて国民は、勤労の権利を有し、義務を負ふ。

②　賃金、就業時間、休息その他の勤労条件に関する基準は、法律でこれを定める。

③　児童は、これを酷使してはならない。

第２８条　勤労者の団結する権利及び団体交渉その他の団体行動をする権利は、これを保障する。

第２９条　財産権は、これを侵してはならない。
②　財産権の内容は、公共の福祉に適合するやうに、法律でこれを定める。
③　私有財産は、正当な補償の下に、これを公共のために用ひることができる。

第３０条　国民は、法律の定めるところにより、納税の義務を負ふ。

第３１条　何人も、法律の定める手続によらなければ、その生命若しくは自由を奪はれ、又はその他の刑罰を科せられない。

第３２条　何人も、裁判所において裁判を受ける権利を奪はれない。

第３３条　何人も、現行犯として逮捕される場合を除いては、権限を有する司法官憲が発し、且つ理由となつてゐる犯罪を明示する令状によらなければ、逮捕されない。

第３４条　何人も、理由を直ちに告げられ、且つ、直ちに弁護人に依頼する権利を与へられなければ、抑留又は拘禁されない。又、何人も、正当な理由がなければ、拘禁されず、要求があれば、その理由は、直ちに本人及びその弁護人の出席する公開の法廷で示されなければならない。

第３５条　何人も、その住居、書類及び所持品について、侵入、捜索及び押収を受けることのない権利は、第３３条の場合を除いては、正当な理由に基いて発せられ、且つ捜索する場所及び押収する物を明示する令状がなければ、侵されない。
②　捜索又は押収は、権限を有する司法官憲が発する各別の令状により、これを行ふ。

第３６条　公務員による拷問及び残虐な刑罰は、絶対にこれを禁ずる。

第３７条　すべて刑事事件においては、被告人は、公平な裁判所の迅速な公開裁判を受ける権利を有する。
②　刑事被告人は、すべての証人に対して審問する機会を充分に与へられ、又、公費で自己のために強制的手続により証人を求める権利を有する。
③　刑事被告人は、いかなる場合にも、資格を有する弁護人を依頼することができる。被告人が自らこれを依頼することができないときは、国でこれを附する。

第３８条　何人も、自己に不利益な供述を強要されない。
②　強制、拷問若しくは脅迫による自白又は不当に長く抑留若しくは拘禁された後の自白は、これを証拠とすることができない。
③　何人も、自己に不利益な唯一の証拠が本人の自白である場合には、有罪とされ、又は刑罰を科せられない。

第３９条　何人も、実行の時に適法であつた行為又は既に無罪とされた行為については、刑事上の責任を問はれない。又、同一の犯罪について、重ねて刑事上の責任を問はれない。

第４０条　何人も、抑留又は拘禁された後、無罪の裁判を受けたときは、法律の定めるところにより、国にその補償を求めることができる。

第四章　国会
第４１条　国会は、国権の最高機関であつて、国の唯一の立法機関である。

第４２条　国会は、衆議院及び参議院の両議院でこれを構成する。

第４３条　両議院は、全国民を代表する選挙された議員でこれを組織する。
②　両議院の議員の定数は、法律でこれを定める。

第４４条　両議院の議員及びその選挙人の資格は、法律でこれを定める。但し、人種、信条、性別、社会的身分、門地、教育、財産又は収入によつて差別してはならない。

第４５条　衆議院議員の任期は、四年とする。但し、衆議院解散の場合には、その期間満了前に終了する。

第４６条　参議院議員の任期は、六年とし、三年ごとに議員の半数を改選する。

第４７条　選挙区、投票の方法その他両議院の議員の選挙に関する事項は、法律でこれを定める。

第４８条　何人も、同時に両議院の議員たることはできない。

第４９条　両議院の議員は、法律の定めるところにより、国庫から相当額の歳費を受ける。

第５０条　両議院の議員は、法律の定める場合を除いては、国会の会期中逮捕されず、会期前に逮捕された議員は、その議院の要求があれば、会期中これを釈放しなければならない。

第５１条　両議院の議員は、議院で行つた演説、討論又は表決について、院外で責任を問はれない。

第５２条　国会の常会は、毎年一回これを召集する。

第５３条　内閣は、国会の臨時会の召集を決定することができる。いづれかの議院の総議員の四分の一以上の要求があれば、内閣は、その召集を決定しなければならない。

第５４条　衆議院が解散されたときは、解散の日から四十日以内に、衆議院議員の総選挙を行ひ、その選挙の日から三十日以内に、国会を召集しなければならない。
②　衆議院が解散されたときは、参議院は、同時に閉会となる。但し、内閣は、国に緊急の必要があるときは、参議院の緊急集会を求めることができる。
③　前項但書の緊急集会において採られた措置は、臨時のものであつて、次の国会開会の後十日以内に、衆議院の同意がない場合には、その効力を失ふ。

第５５条　両議院は、各々その議員の資格に関する争訟を裁判する。但し、議員の議席を失はせるには、出席議員の三分の二以上の多数による議決を必要とする。

第５６条　両議院は、各々その総議員の三分の一以上の出席がなければ、議事を開き議決することができない。
②　両議院の議事は、この憲法に特別の定のある場合を除いては、出席議員の過半数でこれを決し、可否同数のときは、議長の決するところによる。

第５７条　両議院の会議は、公開とする。但し、出席議員の三分の二以上の多数で議決したときは、秘密会を開くことができる。

② 両議院は、各々その会議の記録を保存し、秘密会の記録の中で特に秘密を要すると認められるもの以外は、これを公表し、且つ一般に頒布しなければならない。

③ 出席議員の五分の一以上の要求があれば、各議員の表決は、これを会議録に記載しなければならない。

第５８条 両議院は、各々その議長その他の役員を選任する。

② 両議院は、各々その会議その他の手続及び内部の規律に関する規則を定め、又、院内の秩序をみだした議員を懲罰することができる。但し、議員を除名するには、出席議員の三分の二以上の多数による議決を必要とする。

第５９条 法律案は、この憲法に特別の定のある場合を除いては、両議院で可決したとき法律となる。

② 衆議院で可決し、参議院でこれと異なつた議決をした法律案は、衆議院で出席議員の三分の二以上の多数で再び可決したときは、法律となる。

③ 前項の規定は、法律の定めるところにより、衆議院が、両議院の協議会を開くことを求めることを妨げない。

④ 参議院が、衆議院の可決した法律案を受け取つた後、国会休会中の期間を除いて六十日以内に、議決しないときは、衆議院は、参議院がその法律案を否決したものとみなすことができる。

第６０条 予算は、さきに衆議院に提出しなければならない。

② 予算について、参議院で衆議院と異なつた議決をした場合に、法律の定めるところにより、✦

両議院の協議会を開いても意見が一致しないとき、又は参議院が、衆議院の可決した予算を受け取つた後、国会休会中の期間を除いて三十日以内に、議決しないときは、衆議院の議決を国会の議決とする。

第６１条 条約の締結に必要な国会の承認については、前条第２項の規定を準用する。

第６２条 両議院は、各々国政に関する調査を行ひ、これに関して、証人の出頭及び証言並びに記録の提出を要求することができる。

第６３条 内閣総理大臣その他の国務大臣は、両議院の一に議席を有すると有しないとにかかはらず、何時でも議案について発言するため議院に出席することができる。又、答弁又は説明のため出席を求められたときは、出席しなければならない。

第６４条 国会は、罷免の訴追を受けた裁判官を裁判するため、両議院の議員で組織する弾劾裁判所を設ける。

② 弾劾に関する事項は、法律でこれを定める。

第五章 内閣

第６５条 行政権は、内閣に属する。

第６６条 内閣は、法律の定めるところにより、その首長たる内閣総理大臣及びその他の国務大臣でこれを組織する。

② 内閣総理大臣その他の国務大臣は、文民でなければならない。

③ 内閣は、行政権の行使について、国会に対し連帯して責任を負ふ。

第６７条　内閣総理大臣は、国会議員の中から国会の議決で、これを指名する。この指名は、他のすべての案件に先だつて、これを行ふ。

②　衆議院と参議院とが異なつた指名の議決をした場合に、法律の定めるところにより、両議院の協議会を開いても意見が一致しないとき、又は衆議院が指名の議決をした後、国会休会中の期間を除いて十日以内に、参議院が、指名の議決をしないときは、衆議院の議決を国会の議決とする。

第６８条　内閣総理大臣は、国務大臣を任命する。但し、その過半数は、国会議員の中から選ばれなければならない。

②　内閣総理大臣は、任意に国務大臣を罷免することができる。

第６９条　内閣は、衆議院で不信任の決議案を可決し、又は信任の決議案を否決したときは、十日以内に衆議院が解散されない限り、総辞職をしなければならない。

第７０条　内閣総理大臣が欠けたとき、又は衆議院議員総選挙の後に初めて国会の召集があつたときは、内閣は、総辞職をしなければならない。

第７１条　前２条の場合には、内閣は、あらたに内閣総理大臣が任命されるまで引き続きその職務を行ふ。

第７２条　内閣総理大臣は、内閣を代表して議案を国会に提出し、一般国務及び外交関係について国会に報告し、並びに行政各部を指揮監督する。

第７３条　内閣は、他の一般行政事務の外、左の事務を行ふ。✎

一　法律を誠実に執行し、国務を総理すること。

二　外交関係を処理すること。

三　条約を締結すること。但し、事前に、時宜によつては事後に、国会の承認を経ることを必要とする。

四　法律の定める基準に従ひ、官吏に関する事務を掌理すること。

五　予算を作成して国会に提出すること。

六　この憲法及び法律の規定を実施するために、政令を制定すること。但し、政令には、特にその法律の委任がある場合を除いては、罰則を設けることができない。

七　大赦、特赦、減刑、刑の執行の免除及び復権を決定すること。

第７４条　法律及び政令には、すべて主任の国務大臣が署名し、内閣総理大臣が連署することを必要とする。

第７５条　国務大臣は、その在任中、内閣総理大臣の同意がなければ、訴追されない。但し、これがため、訴追の権利は、害されない。

第六章　司法

第７６条　すべて司法権は、最高裁判所及び法律の定めるところにより設置する下級裁判所に属する。

②　特別裁判所は、これを設置することができない。行政機関は、終審として裁判を行ふことができない。

③　すべて裁判官は、その良心に従ひ独立してその職権を行ひ、この憲法及び法律にのみ拘束される。

第７７条　最高裁判所は、訴訟に関する手続、弁護士、裁判所の内部規律及び司法事務処理に関する事項について、規則を定める権限を有する。✎

②　検察官は、最高裁判所の定める規則に従はなければならない。

③　最高裁判所は、下級裁判所に関する規則を定める権限を、下級裁判所に委任することができる。

第７８条　裁判官は、裁判により、心身の故障のために職務を執ることができないと決定された場合を除いては、公の弾劾によらなければ罷免されない。裁判官の懲戒処分は、行政機関がこれを行ふことはできない。

第７９条　最高裁判所は、その長たる裁判官及び法律の定める員数のその他の裁判官でこれを構成し、その長たる裁判官以外の裁判官は、内閣でこれを任命する。

②　最高裁判所の裁判官の任命は、その任命後初めて行はれる衆議院議員総選挙の際国民の審査に付し、その後十年を経過した後初めて行はれる衆議院議員総選挙の際更に審査に付し、その後も同様とする。

③　前項の場合において、投票者の多数が裁判官の罷免を可とするときは、その裁判官は、罷免される。

④　審査に関する事項は、法律でこれを定める。

⑤　最高裁判所の裁判官は、法律の定める年齢に達した時に退官する。

⑥　最高裁判所の裁判官は、すべて定期に相当額の報酬を受ける。この報酬は、在任中、これを減額することができない。

第８０条　下級裁判所の裁判官は、最高裁判所の指名した者の名簿によつて、内閣でこれを任命する。その裁判官は、任期を十年とし、再任されることができる。但し、法律の定める年齢に達した時には退官する。

②　下級裁判所の裁判官は、すべて定期に相当 ✈

額の報酬を受ける。この報酬は、在任中、これを減額することができない。

第８１条　最高裁判所は、一切の法律、命令、規則又は処分が憲法に適合するかしないかを決定する権限を有する終審裁判所である。

第８２条　裁判の対審及び判決は、公開法廷でこれを行ふ。

②　裁判所が、裁判官の全員一致で、公の秩序又は善良の風俗を害する虞があると決した場合には、対審は、公開しないでこれを行ふことができる。但し、政治犯罪、出版に関する犯罪又はこの憲法第三章で保障する国民の権利が問題となつてゐる事件の対審は、常にこれを公開しなければならない。

第七章　財政

第８３条　国の財政を処理する権限は、国会の議決に基いて、これを行使しなければならない。

第８４条　あらたに租税を課し、又は現行の租税を変更するには、法律又は法律の定める条件によることを必要とする。

第８５条　国費を支出し、又は国が債務を負担するには、国会の議決に基くことを必要とする。

第８６条　内閣は、毎会計年度の予算を作成し、国会に提出して、その審議を受け議決を経なければならない。

第８７条　予見し難い予算の不足に充てるため、国会の議決に基いて予備費を設け、内閣の責任でこれを支出することができる。

②　すべて予備費の支出については、内閣は、事後に国会の承諾を得なければならない。

第88条　すべて皇室財産は、国に属する。すべて皇室の費用は、予算に計上して国会の議決を経なければならない。

第89条　公金その他の公の財産は、宗教上の組織若しくは団体の使用、便益若しくは維持のため、又は公の支配に属しない慈善、教育若しくは博愛の事業に対し、これを支出し、又はその利用に供してはならない。

第90条　国の収入支出の決算は、すべて毎年会計検査院がこれを検査し、内閣は、次の年度に、その検査報告とともに、これを国会に提出しなければならない。
②　会計検査院の組織及び権限は、法律でこれを定める。

第91条　内閣は、国会及び国民に対し、定期に、少くとも毎年一回、国の財政状況について報告しなければならない。

第八章　地方自治
第92条　地方公共団体の組織及び運営に関する事項は、地方自治の本旨に基いて、法律でこれを定める。

第93条　地方公共団体には、法律の定めるところにより、その議事機関として議会を設置する。
②　地方公共団体の長、その議会の議員及び法律の定めるその他の吏員は、その地方公共団体の住民が、直接これを選挙する。

第94条　地方公共団体は、その財産を管理し、事務を処理し、及び行政を執行する権能を有し、法律の範囲内で条例を制定することができる。

第95条　一の地方公共団体のみに適用され

る特別法は、法律の定めるところにより、その地方公共団体の住民の投票においてその過半数の同意を得なければ、国会は、これを制定することができない。

第九章　改正
第96条　この憲法の改正は、各議院の総議員の三分の二以上の賛成で、国会が、これを発議し、国民に提案してその承認を経なければならない。この承認には、特別の国民投票又は国会の定める選挙の際行はれる投票において、その過半数の賛成を必要とする。
②　憲法改正について前項の承認を経たときは、天皇は、国民の名で、この憲法と一体を成すものとして、直ちにこれを公布する。

第十章　最高法規
第97条　この憲法が日本国民に保障する基本的人権は、人類の多年にわたる自由獲得の努力の成果であつて、これらの権利は、過去幾多の試錬に堪へ、現在及び将来の国民に対し、侵すことのできない永久の権利として信託されたものである。

第98条　この憲法は、国の最高法規であつて、その条規に反する法律、命令、詔勅及び国務に関するその他の行為の全部又は一部は、その効力を有しない。
②　日本国が締結した条約及び確立された国際法規は、これを誠実に遵守することを必要とする。

第99条　天皇又は摂政及び国務大臣、国会議員、裁判官その他の公務員は、この憲法を尊重し擁護する義務を負ふ。

第十一章　補則　　省略

（以上で憲法終わり）

おことわり

・収録条文について

この法律集には、令和5年1月1日時点において分かっている限りの、最も新しい条文を収録しました（未施行を含む）。煩雑になるのを避けるため、出版の時点において現に施行されている条文（改正前の条文）を併記することはしませんでした。たとえば、刑法では「拘禁刑」制度が創設された後の条文のみを掲載しています。ご了承ください。

・編集の方針について

今回は、令和四年版から収録条文やレイアウト等を大きく変更しました。編集の方針について詳しく知りたい方は、下記ウェブサイトにアクセスしてください。変更の理由等を説明しています。ご意見・ご要望も募集しておりますので、気になる点がありましたら、お気軽にお問い合わせください。

https://artvillage.thebase.in/items/73399569

携帯三法　令和五年版

2023 年 5 月 1 日　発行

発行人　越智俊一

発行所　アートヴィレッジ

　　　　〒663-8002

　　　　兵庫県西宮市一里山町 5-8-502

　　　　電話　：050-3699-4954

　　　　メール：info@artv.jp

　　　　ＵＲＬ：artvillage.thebase.in

印刷所　神戸ワープロサービス

ISBN 978-4-909569-80-6

ISBN978-4-909569-80-6
C0532 ¥250E

定価：250円＋税
発行：アートヴィレッジ

9784909569806

1920532002503